「桜」の追憶

伝説のA&R　吉田敬・伝

黒岩利之・著

目次

プロローグ

「なんで、そんなに桜の歌が多いんですか？」

音楽業界とは関係のない友人に、よく聞かれることがある。
桜は冬の寒さを耐え忍び、春の訪れとともに、満開の花を咲かせ、やがて散っていく。その見事に咲き誇るピークと、散るときの潔さ、儚さが日本人の心象風景に絶妙にシンクロするので、桜をテーマにした名曲が多いのだと思う。
そういう私見を友人に返しながら、僕が必ず思い出すのは、コブクロが歌う「桜」という曲だ。 そして、その楽曲をヒットさせた僕の恩師、〝敬さん〟こと吉田敬さんとの日々だ。

吉田敬（よしだたかし）１９６２年５月13日生まれ。１９８５年、慶応義塾大学卒業後ＣＢＳ・ソニーレコード（現：ソニー・ミュージックエンタテインメント）に入社。販促・宣伝畑を歩み、タイアップ担当として数々のドラマ主題歌や番組のテーマソングを獲得し、頭角を現す。１９９７年に「Ｔプロジェクト」を立ち上げＴＵＢＥ

のミリオンヒットに貢献。その後、the brilliant green、平井堅をトップアーティストに育て上げ、２００１年38歳で分社化して誕生したデフスターレコーズの代表取締役に就任、CHEMISTRYをブレイクさせた後、２００３年に外資系レコード会社ワーナーミュージック・ジャパンに電撃移籍し、代表取締役社長の職に就いた。コブクロ、絢香、Superflyを次々とブレイクさせ、業績を飛躍的に伸長させる。自らが先頭にたってヒットプロジェクトを牽引する伝説のＡ＆Ｒマンというのが、音楽業界内に認知されている彼のプロフィールだ。そして２０１０年10月7日、48歳という若さでこの世を去った。

元号は平成から令和に移り、音楽業界を取り巻く環境も劇的に変化を遂げた。ＣＤパッケージの時代からサブスク（定額聞き放題配信サービス）の時代に変遷し、プロモーションの中心はインターネット上・ＳＮＳへと移行しつつある。

敬さん……。（僕たちは「社長」などとは呼ばずに、いつも親しみを込めてそう呼んでいた）

いまだに、いや今だからこそか。何かにつけて、心の声で自問自答する。

敬さんだったら、この状況をどう分析するか？　どう僕らに指示を出すか？　そして自らどう動くのか、と。

僕がこの原稿を書き始めることを決意した2022年の音楽業界は、実に「ざわざわ」した1年だった。「ざわざわしてる、してない」は、よく敬さんが、そのアーティスト・楽曲がヒットしそうな雰囲気を作れてるかどうかを僕らに問う際に使う象徴的な言葉だ。今でいうと、「バズる」という言葉に近いのかもしれない。SNSでの「バズり」をきっかけに音楽シーンに次々と彗星のごとく新たなアーティスト達が登場し、チャートを賑わしている。もちろん、ビッグ・アーティスト達もSNSを巧みに使いこなすことで、さらなるスマッシュヒットのきっかけをつかんだ。

一方、タイアップヒットも健在で、コンテンツそのものとタイアップして、その相乗効果が社会現象となり、グローバルに波及した、映画『ONE PIECE FILM RED』ウタ（Ado）を筆頭に、秋クールでは王道のドラマ主題歌ヒットとして、研音所属の川口春奈が主演するドラマ『silent』の主題歌にOfficial髭男dism「Subtitle」が起用され大ヒットを果たす。

もちろん、忘れてはならないトピックスに、11年ぶりのオリジナルアルバム

『SOFTLY』をリリースした山下達郎が、パッケージが売れないといわれる時代にCD、LP、カセットを合わせて30万枚を超える出荷を達成したことも実に世間をざわつかせた出来事である。

敬さん……

現在の音楽業界も、敬さんの遺伝子を継ぐプレイヤー達が音楽業界をざわつかせ、様々な爪痕を残しましたよ。

敬さんが、突然僕たちの前からいなくなってから13年の時間が経過した。当時の敬さんの年齢をとっくに越えてしまった僕たちは、未だ音楽業界を取り巻く荒波の中で揉まれ続けている。

そんな2022年、僕はというと、4年半勤めた老舗音楽事務所スマイルカンパニーの代表取締役を退き、独立の道を選んだ。敬さんと共に闘ったレーベル名「デフスター」の「デフ」=(カッコいいの意味)の文字を冠した新会社、デフムーンを設立し、自分なりに新たな闘いを始めることとなった。

敬さんの足跡、生きた時代、過ごした日々を僕なりに文章として残したい。文章は今まで、ほぼプレスリリースしか書いたことがなかったけれど、あの時の空気を少しでも今の時代に伝えられたら……。

サブスクもSNSもない時代に、敬さんとともに、僕らが行ってきた音楽で世間をざわつかせた日々を新たな世代に伝えることができたら……。

それが僕の次のミッションだと勝手に確信しました。

かつて、敬さんとともにソニーミュージックからワーナーミュージック・ジャパンにチームごと移籍したのも束の間、新しい環境で結果を出せずに苦しんでる僕を見かねて、「持ち味出せてないから、好きなことをしろ」と宣伝企画という名のタイアップ部隊を作ることを許してもらったことがありましたね。

「せっかく独立したんだから、好きなことをやってみろ」

今回も背中を押してもらえませんか？

僕が敬さんに出会ったのは、今から23年前の１９９９年、ソニーミュージックの宣伝部に配属され、ＴＢＳの担当になり、当時音楽情報番組として影響力のあった深夜番組『ワンダフル』にthe brilliant greenの新曲ＭＶのメイキング風景の取材をブッキングする時だった。それから約10年間行動を共にすることになるが、僕が補完できない、その出会う前からの話を含め、業界の様々な人に取材し、その足跡を辿り、業績を顧みることで、僕たち音楽業界人がさらにもう一歩前に進むためのヒントを得たい。僕の知り得なかった敬さんに近づく旅を一歩ずつ始めていきたいと思う。

（※なお本編の本文中では、すべての方々の敬称を略させていただいたことをあらかじめ付記します）

第1章

慶應志木時代の吉田敬

吉田は、まだ多感な時期に母親を亡くし、父親が再婚してできた新しい母親との折り合いがうまくいっていなかった。そんな中、親元である大阪を離れて、寮生活を送ることを選択、埼玉県にある慶應義塾志木高等学校に入る決断をする。

当時のことを知る高校時代の同級生、吉村康(元：東洋経済新報社メディア営業部長、現在フリーランスのビジネスメディアディレクター)から話を聞いた。吉村は週刊東洋経済に三度掲載された、吉田のインタビュー記事をコーディネートしている。最初は若くしてデフスターレコーズの社長に就任し、CHEMISTRYをブレイクさせた直後、二度目はワーナーミュージック・ジャパンの社長就任後、初の組織改革を行ったタイミング、そして、三度目はコブクロ・絢香・Superflyを次々とヒットさせた2008年、快進撃の真っ只中でのインタビューだった。

「ねぇねぇ一緒に野球やらない？」

吉村は、まだ自己紹介も終わらないうちに、吉田に、そう話しかけられた。高校の入学式の際に50音順で整列していて、吉田と隣り合わせだったのだ。実際に野球をやりたかった吉村はその一言で野球部入りを決意した。

「いま、思えば感が鋭く、決断が早い吉田のキャラクターが反映されたインパクトのある出会いだったと思います」

上京したての吉田は、関西弁が抜け切れておらず、そのしゃべりが仲間には新鮮でユニークに映り、且つ明るいキャラクターだったこともあり、よくいじられていたという。中でも、寮住まいということもあり、洗濯をおろそかにしていたのか、アンダーシャツやスライディングパンツを毎日同じものを着ていると、よく部活仲間にいじられた。挙句、ついたあだ名が〝ダーティ吉田〟。たまたま同じ野球部の同級生に、もう一人吉田がいたので〝クリーン吉田〟と区別するうえで、そのあだ名がつけられたというが、そんな不名誉なあだ名にも悪びれず、仲間たちと楽しく過ごしていたようだ。吉田を含めた部員たちは、授業が終わると練習場にいち早く来て、一分一秒を惜しむように、自分たちのプレーを向上させようと練習に励んでいたという。

好きな音楽を好んで聴くようになったのもこの頃だった。吉田の最初の音楽体験は、その後生涯にわたってフェイヴァリット・アーティストとなる吉田拓郎だった。抒情的であり、時にエモーショナルな拓郎の音楽。寮でギターを片手に拓郎を歌う吉田の姿が目撃された。

後にCBS・ソニーに入社した際に全社員に配布された、社内報「SONEWS」。その新卒新入社員の抱負をまとめた特集号のアンケートに答えた吉田は、明確にこう記していた。

「吉田拓郎を超えるアーティストを世に出したい」

彼が後にヒットさせたコブクロなどにつながるエモーショナルなフォークソング。そのルーツがすでにこの時からあったのかもしれない。

当時の高校球児は誰しもが甲子園を目指すが、吉田の進学した慶應志木高校も埼玉県の中では実力があり、甲子園出場を本気で狙っていた。同じ野球部でキャプテンをつとめ、4番ピッチャーだった糸賀英樹（現：TBSテレビ）はこう証言した。

「〝ダーティ〟は、2年になると同じポジションを狙っていた〝クリーン〟との吉田対決を制し、セカンドのレギュラーポジションを獲得。鋭い打球を放つ打者としても活躍してました」

吉田はショートを守る暉道《てるみち》佳明（現：上智大学学長）と二遊間コンビを組み、チームの守備の要にもなった。当時、東東京で甲子園出場経験のある修徳高校や埼玉の強豪校、上尾高校とも練習試合で何度か対戦することもあった。特に上尾高校との練習試合は印象に強く残っているという。後にプロ野球選手として活躍する仁村徹を擁する上尾高校は1979年夏の甲子園大会に出場し話題となる。

そんな上尾高校との、敵地に乗り込んで行われた練習試合は、糸賀―吉田―暉道でのトリックプレーが決まり、二塁牽制を成功させ、上尾高校側の観客を驚かせた。

仁村選手は、慶應志木相手に先発せず、試合後半に代打で出場。ホームラン性の打球を打たれるが、外野手があたりを読んで深めに守って好捕するなど一進一退の攻防が続く。1点を争う展開の中、吉田は自らのヒットでこの試合唯一といえる同点、あるいは逆転のチャンスをつかむ。自らは3塁に進塁し、ノーアウト3塁。高校野球におけるノーアウト3塁は、監督のサインによってヒットエンドランなのかスクイズなのか、局面を大きく左右する最も緊迫するシチュエーションである。そんな中、ベンチから出された監督のサインを、何と吉田は見逃してしまう。3塁コーチに出されたサインを確認すべくベースを離れて振り返ったその時、敵チームからの絶妙な牽制球が吉田を襲う。痛恨の牽制タッチアウトだ。

結局、試合は3対0で落とすことになった。自らのミスで最大のチャンスを逃しての敗戦。練習試合とはいえ、そのショックを想像すると、言葉にならないものがある。そんな僕の想像とは裏腹に、吉村は当時のことを懐かしそうに語ってくれた。
「見た目のダメージはなかったように思います（笑）（その後）北海道に行った修学旅行の写真では、バスガイドさんと肩を組んで満面の笑顔で写ってましたよ。またクラスの演芸会でやった担任の先生の物マネが大好評で、文化祭のあとに行われる後夜祭では学年の代表としてステージに立ち、一番人気でした」（吉村）
そんな中、こんなエピソードも披露してくれた。
野球部のOB監督に水沢陽一という方がいて、高田馬場で不動産業を営んでいた。水沢監督は、夏休み期間など仲間が帰省して寮暮らしが寂しくなる吉田を気遣って、高田馬場の自宅にしょっちゅう泊めていたという。
「お盆とか年末年始とか、寮が閉鎖するんです。要は実家に帰省しなさいということなんだろうけど、実家に帰れない事情があったんだと思う。その期間は決まって水沢監督の家に泊まってました」（吉村）
そこでほぼ同世代の水沢監督の息子と知り合い、意気投合。新宿のディスコに行こうという話になった。いわゆる都会育ちの華やかな世界にいる水沢監督の息子は、現役の〝竹の子族〟として原宿のホコ天（歩行者天国）で踊っていたという。大阪から単身上京し、野球部での練習に明け暮れ、淡々と寮生活を送っていた吉田とは対照的で雲泥の差だ。そんな水沢監督の息子との約束の日、精一杯のおしゃれをして待ち合わせの場所に臨む吉田だが、待てど暮らせど、その彼は現れない。業を煮やして家まで迎えにいったという。家には約束などなかったかのように、何の準備もせず、二階の窓から見下ろす彼がいた。その彼から浴びせられた痛烈な一言、〝お前なんかと行くわけないだろ〟

「悔しい思いをしたのは明白でした。都会のおしゃれで華やかな世界からダメ出しを受けたように感じたのではないか」そう、吉村は回想した。

一方、吉田が最後の夏の大会を終え、セカンドのポジションを引き継いだという、2年後輩だった、小玉裕（現：新興プラスチックス代表取締役社長）からは、こんなエピソードを聞くことができた。

「吉田先輩は、練習中にミスして転んだりすると、〝踊ってんじゃねぇよ！〟って他の先輩たちからよくつっこまれてましたね。夏の予選大会の前日、いつもより練習が早く終わって。明日に備えようという雰囲気の中、僕らは部室を片付けてから、帰宅すべく東武東上線に乗ったんです。そしたら、ちょうど電車の扉が閉まる寸前に、派手な格好をした吉田先輩が乗り込んで来たんです。その時、吉田先輩と目が合って、〝口（くち）チャック〟の仕草をされた。これは、ディスコに行くんだろうな。こんな大事な時でも行くのか！という驚きがありました」

だからといって、吉田が翌日の試合で致命的なミスやエラーをしたわけではなかった。しかし、試合自体は1点差で惜敗し、一回戦で慶應志木高校は夏の予選大会から姿を消すことになる。引退した吉田は、髪の毛を伸ばし始め、再びOBとして野球部の練習に顔を出すことはなかったという。

吉田や吉村らはそのまま慶應義塾大学に進学し、吉田が経済学部、吉村が法学部へと進む。吉田は寮を出て、吉祥寺で独り暮らしを始めることとなる。

大学に入ると、吉田は一転、音楽に傾倒し始める。今でも存続する音楽サークル、K.B.R. Modern Schaks（ケー・ビー・アール モダンシャックス）に在籍し、バンドを組みパーカッションを担当したという。いわゆる演奏する側としての音楽体験をすることで、プレイヤーの気持ちもここで獲得したのだろうか。それとも自分の限界を感じ、ミュージシャンへの道は諦め、裏方に回る決断をしたのか。大学卒業後、そんな吉田が目指したのはレコード会社への就職だった。

「僕らの時代の就職活動はバブル前ということもあり、厳しいものでした。いまみたいに、情報が整備されてないので、大学の就職課やOBなどの人脈を駆使して、就職活動をしてもなかなか内定にはたどりつきませんでした。ただでさえシャイな吉田は就職活動でも〝都会の洗礼〟を受け、かなりの苦労をしたようだった」（吉村）

有力企業の内定がほぼ出揃い同級生が次々と就職を決める中、それでも1社も内定の出ない吉田は、リクルートスーツに身を包んだまま、途方に暮れていた。井の頭線の吉祥寺駅を降り自宅に向かう道の途中、雨が降り出した。傘のなかった吉田は濡れそぼりながら、何をやってもうまくいかない現状に絶望を感じたのかもしれない。そんな吉田の目に留まったのは、どぶ川に打ち捨てられた自転車たちだった。自分の境遇をその自転車に重ねたのだろうか。〝救いあげなくては〟との気持ちがいつしか働いていた。ズボンの裾をたくし上げ、どぶ川の中に入った吉田は1台、また1台と自転車を引き上げ片づけていく。

そして、そんな吉田を橋の上から見下ろす初老の男性がいたという。

〝何やってるの？〟初老の男性が吉田に声をかけた。〝ずぶ濡れじゃないか。私の家が近くにあるから、髪でも乾かしていきなさい〟

吉田はその男性に声をかけられるままに、ついていくと、見たこともないような大きな屋敷の中に案内されたという。

吉田は自身の状況を正直に話した。それを聞いた初老の男性は、おもむろに名刺を取り出し、〝就職したい会社に持っていきなさい。役に立てるかもしれない〟と吉田に告げた。その名刺には、三井不動産会長、江戸英雄とあった。三井グループに影響力を持ち続け、東京ディズニーランドのオープンに尽力するなど当時の経済界を代表する人物である。

吉村は言う。

「この話は僕もよく社会人になってからの飲み会で聞かされました。もともと〝話を盛る〟傾向があるやつだったので、半信半疑で聞いてましたね。僕が聞いた話では〝CBS・ソニー〟ではなく、〝電通〟にその名刺を持って行ったそうですよ(笑)」

ソニーミュージック若手時代の吉田敬

1985年、吉田は、当時レコード会社の中でも特に人気の企業だったCBS・ソニー（現：ソニーミュージック・エンタテインメント）に入社した。学歴を一切問わない自由な形の就職試験は当時の会社の勢いを象徴していた。面接では、慶應志木高校野球部時代のエピソードを披露したという。

内容は若干拡張されていて、あと1勝で夏の甲子園大会の出場を手にする埼玉県予選の決勝戦にシチュエーションは変更され、吉田の牽制アウトで甲子園出場を逃す、、というストーリーに置き換わっていたらしい。少なくとも当時の面接を担当した人から、そんなエピソードを披露したことが、漏れ伝わってきたという。結果的に、この面接での自己アピールが実り、難関を突破。無事内定を得ることができた。吉田は、30〜40人の同期入社組と新入社員研修が開催される静岡県富士吉田市の研修施設に赴くことになる。その研修を通じて、適性を査定され今後の配属先が決まるのだ。

当時、人材を見抜く目に定評のあると言われた、人事部長五藤宏の目が光る中、研修は執り行われた。
一緒に研修に参加した、同期入社の一志順夫（元ソニー・ミュージック宣伝会議議長）に話を聞いた。一志は、後に吉田とともに、CHEMISTRYのヒットを仕掛けることになる。

「新入社員研修での吉田の印象は、圧倒的に地味だなと」

一志によると、泊りがけで行われた新入社員研修の夜は、酒も入り、度を越した盛り上がりをみせた。翌日、研修スタッフである人事部メンバーから、相当お灸をすえられたという。そんな同期を自己主張の強い派手グループと、おとなしい系の地味グループに分けるとすると、吉田は、圧倒的に地味グループに所属するとの印象をもったようだ。
しかし、まじめで目立たないタイプの吉田の配属先が花形といわれるCBS・ソニー黒ビル（本社ビル）の国内販売促進部と発表されたときは、同期の中で一様に驚きの声があがったという。五藤の目には、自己主張の強い目立つ入社組のなかで、周りに影響されず地道に研修の課題に取り組む吉田の姿がしっかりととらえられていたのだ。五藤は、その後役員となり、Tプロジェクトやデフスターレコーズの立ち上げをサポートすることとなる。吉田を引き上げた立役者であり良き理解者となっていくのだ。

さて、当時のCBS・ソニーは、米米CLUB、PRINCESS PRINCESS、REBECCA、尾崎豊、久保田利伸など、80年代後半のJ-POPシーンを牽引する早々たるアーティストが名を連ね、トップレーベルとして気をはいていた。販売促進部はメディア担当の宣伝マンが各主要媒体を担当し自社アーティストを売り込んでいく組織で、自分の体力と知力と人脈でパブリシティ(テレビ出演やラジオでの楽曲オンエア、雑誌でのインタビューなど)を取ってくるのが日常ルーティンだ。ゴリゴリの体育会系の組織で当時常務だった稲垣博司を筆頭に、一癖も二癖もある個性的な先輩達が仕切っていた。

各媒体ごとに担当グループが班分けされていて、媒体担当以外にも〝アー担グループ〟というアーティストの宣伝戦略を立案するチームがあり、所属事務所と向き合っていた。また、各営業所ごとにはエリア担当をおくというのが、当時のCBS・ソニー国内販売促進部の基本スタイルだった。その中でもヒットに直結するほど影響力のあったテレビ局担当のグループは社内でも一目が置かれていたという。吉田は、そんな先輩たちの背中を見ながら、まずは学研、集英社、講談社、などの紙媒体を担当した。

一志は続ける。

「吉田の評判はかなり良かったように思う。僕は新入社員で福岡営業所に配属になったのですが、福岡エリア担当の販売促進部の先輩が本社会議から戻ってきて〝お前の同期の吉田は評判いいぞ〟と。あの地味な吉田が早くも先輩から評価されてるんだなとその時、実感しました」

後に、CBS・ソニーの販売促進部内でアイドルを主に受け持つアー担グループに吉田を引き入れ、ともに時間を過ごした、御領博（現：ライブビューイング・ジャパン、エグゼクティブ・プロデューサー）は語る。

「敬は猪突猛進というか、目標を与えると150％の成果を狙いにいっていた。特に印象的だったのは、当時のアイドル雑誌で初めて南野陽子の表紙を獲得したとき。翌日、表紙が決定されるという編集会議の前日、編集長の家の前で待ち伏せをして、直談判した。編集長の行動パターンを把握し、自宅の住所を入手し、飲んで帰ってくる深夜に、土下座する勢いで表紙のお願いをした」

吉田が社内にインパクトを与えた、この表紙獲得エピソードは、南野陽子が歌手デビューした際に表紙を飾った『DELUXEマガジン』のことではないかと思われる。

個人情報を入手しての〝夜討ち朝駆け〟はコンプライアンス的に今の尺度で考えるとアウトかもしれないが、吉田の熱意を意気に感じた榎本孝之助（後の『DELUXEマガジンORE』編集長）との厚い信頼関係は、この夜をきっかけに、その後も継続していったという。

一志の話によると、新入社員時代の吉田は、最初から活躍していたように感じられるが、本当にそうだったのだろうか。学生が社会人を経験し、色々なギャップとカルチャーショックを乗り越え、自分の立ち位置を見出すようなプロセスをすっ飛ばして、ドラフト1位のルーキーのように、いきなり即戦力で活躍したのか。僕は、そこをどうしても掘ってみたくなった。

1989年、新卒でデスクとして吉田のいた部署に配属された、大塚文乃に話を聞いた。

「短大を卒業して、敬さんのいる部署、アイドル班のデスク担当が最初の出会いでした。そのシマには正面に敬さんの直属の上司である薗部好美さん、隣に敬さんが座っていて、毎日何かが起こってました」

大塚に、吉田は最初から活躍していたのかを聞いてみた。

「私が入社した頃は、ラジオ局とアーティスト担当が敬さんの主な業務で、東宝の田山真美子さんやミスマガジン出身の吉田真里子さんのアーティスト担当をしながら彼女たちがレギュラーをつとめるTBSラジオや講談社の担当をしていたことが記憶にあります。TBSラジオでは、しっかり皿回し（楽曲のオンエア）していて、プロデューサーやディレクターだけでなく、パーソナリティーの浦口さん（浦口直樹）にも企画を持ち込んだり、担当アーティストのイベントの司会などを依頼してやっていただきながら関係値を築いていきました」

すでに、入社4年目とはいえ、独自のスタイルでしっかり自分のポジションを築いている様子だ。

「私がその頃に聞いた話だと、敬さんは入社直後は何をどうやったらよいかわからず、ずっと席に座ってたらしい。それを見かねた薗部さんが、〝俺についてこい〟とニッポン放送に連れていって、薗部さんに同行しながら宣伝のノウハウを学び、夜の酒席の場で心構えなどを学んでいったんだと思う。2人には強い絆があり、その後も進路に迷うようなことがあると、大阪（その後、薗部さんが転勤して販促課長となる）まで行って相談していたことをよく覚えています」

この話を聞くことで、井の頭公園でどぶ川に打ち捨てられていた自転車を拾っていた学生時代の吉田と、メディアに食い込み活躍する吉田の間をつなぐ時間が初めてみえてきたような気がした。信頼できる兄貴分との出会いと教えが、吉田を確変させたのだということがわかった。

そんな〝兄貴分〟に対して、大塚は自分は〝妹分〟だったという。当時、吉田が学生時代に知り合った奥様と新居を構えた埼玉県上福岡が大塚の実家だったのだという。

「一度も通勤電車で会ったことはありませんでしたが、駅を挟んで反対側に住んでいて、同じ市内だとわかって年賀状を送ったら奥様の字でとても丁寧なお返事をいただいて、その時はまだお会いしたことのない奥様との距離が一方的に縮まった気がしました」

　そんな吉田との間での印象的なエピソードを披露してくれた。

「会社で部署の活気と癒しのためにメダカを飼ったんです。デスクの私が育ててました。ある日、出社するとそのメダカが水槽にプカプカ漂っていて、見るからに弱っているんです。絶句した私は敬さんを問い詰めました」

　大塚に聞くところによると、吉田は媒体から戻ると必ずそのメダカの水槽をみつめていたという。ある日、水槽にボールペンをつっこみぐるぐると回す（水流をつくる）。そうすると、メダカはその流れに逆らうように必死に泳ぐ。その光景をその時に置かれていた自分と重ねていたのかもしれない……大塚は当時そう感じていたそうだ。

　この頃の吉田の担当したアーティストは、ブレイクには至らなかった。

「女性アイドル全盛からバンドブームに変わっていく、、、そんな時代でした。(ブレイクした)南野陽子の次を狙うべく、各アー担が必死になっていた。媒体に張りついて仕事を決めるのではなく、事務所などの力で担当アーティストの連載を決める社内のライバルを敵視しながら、自分の仕事を追求していたのだと思います」

そして、吉田に福岡営業所への転勤が内示された。地方営業所への転勤は、会社からの期待の表れでもある。一人でそのテリトリー(福岡、大分、長崎、佐賀、熊本、宮崎、鹿児島、沖縄)の宣伝を担い、CDを売るためのプランニングを考え、日々キャンペーンをこなす。宣伝マンとしてのスキルを一気に身につける良い機会となるのだ。先輩達からのプレッシャーや担当アーティストがなかなかブレイクしない現状からも解放される。願ってもないチャンスだった。内示が出た日、大塚は初めて吉田と二人で食事に行ったという。

「お母さんを若くに亡くした敬さんは、私の父の病気のこともすごく気にかけてくれていて、父が入院していた病院の最寄り駅の近くの店で、初めてツーショットでご飯を奢ってくれました。そこで、福岡転勤の話を聞きました」

しめっぽい雰囲気にはならなかったという。そこで大塚が聞いた印象的な言葉。

「レーベルの一押しアーティストがなぜ売れないか？それを福岡で検証しようと思う」

　吉田が言うには、レーベルの一押しは〝一押し〟という言葉が独り歩きして中身がないことが多い。媒体も一押しならお付き合いで応援してくれるが真のプッシュにはならない。むしろ一押しじゃないアーティストのほうがプロモーターが思い入れをもってプレゼンできるし、媒体も覚悟をもって押してくれる。結果、一押しではないアーティストが売れる。これが、福岡転勤前の吉田の持論だった。そのあとの吉田の生きざまにもつながる象徴的なエピソードだと思った。僕が出会ってからの吉田は、自分の一押しがレーベルの一押しであり、それをヒットさせ成功させていた。そこに辿り着くまでの最初のプロセスが、吉田にとっての福岡転勤だったのかもしれない。

「妹分と思ってもらったのはとてもうれしかったけど、福岡転勤後も遠隔でデスク業務をふってきたり、とっくに締めの過ぎた請求書の処理を何度もしました。断らずにやる私も私だけど、なぜ私が福岡のメディアのキーパーソンとのアポイントを取るべく、東京から電話で追いかけなきゃいけなかったのか（笑）」

　大塚は、その後デスクから宣伝に異動し、吉田の後を追うように雑誌担当として活躍後、

TUBEの制作として、吉田と再び仕事を共にすることになる。

福岡転勤後の吉田は、より自由に自主的に活躍できる場を与えられ、頭角をあらわし始める。水槽の中で流れに逆らって泳いでいたメダカは大きな川に放流されたのだ。こうして、吉田の中に、地方発のヒット、地方発の仕掛けを行う素養が垣間見えてくる。媒体のキーマンにしっかり食い込んで、独自施策を次々と立ち上げ、充実したキャンペーンメニューを組む。ラジオだけでなく、地方テレビ局の存在に着目し、KBC(九州朝日放送)の久永昌隆の懐に飛び込みKBCをキー局に長崎、熊本、鹿児島をネットしている『ドォーモ』という平日帯の深夜情報番組でのアーティストの露出の機会を増やす。後にA&Rマンとしてその才能が開花する吉田の原点がこの九州の地で培われていったといっても過言ではないだろう。

その極めつけは、テレビ熊本、沼田健吉と組んで、音楽情報番組『ブンブン』を立ち上げたことだ。熊本県を拠点に活動するローカルタレント、かなぶんやをパーソナリティーに起用。当時少なかった地方のテレビ局が制作し、TVQ九州放送を〝上りネット〟するという形式を採った。そこに吉田ならではのユニークさを感じるのは、キー局を福岡ではなく熊本のフジテレビ系列局にしながら、テレビ東京系のTVQ九州放送にネットしたこと。単なる系列局の〝上りネット〟ではなく、逆番販という手法を採ったのだ。

今でも、『乃木坂工事中』がテレビ愛知をキー局にテレビ東京に〝上りネット〟を実施しているし、アニメなどは、毎日放送をキー局にテレビ東京やTOKYO MXに系列の違う〝上りネット〟を行っており、珍しいケースではなくなってきているが、レコード会社主導で九州というローカル地域で系列の違う〝上りネット〟を実現させるところに、吉田の先進性、発想の柔軟さと実行力を感じさせる。

また、単なるミュージックビデオなどを紹介する音楽情報番組にとどまらず、いわゆる歌収録（スタジオライブ）もスペシャル的に行った。予算のかかるスタジオでの歌収録を実現させたことで、注目度はさらに増していった。

この番組は話題を呼び、大物アーティストのキャンペーンの主要メニューとして注目されていく。そのブッキングを差配する吉田は次第に本社から一目置かれる存在となっていくのだ。地方キャンペーンは本社からのスタッフがつかず、アーティストの所属する事務所のマネージャーとアーティスト本人のみが出向くケースも多々あった。そんな中、吉田は様々なアーティストやマネージャーともここで親交を持つようになっていった。

しかし、その活躍と評価が、吉田の本社への帰還を早めてしまった。

当時、福岡エリアでのプロモーションを吉田から引き継いだ、岸本俊一（現：ソニー・ミュージックソリューションズ）に話を聞いた。

「福岡時代は、〝キャンペーンだけやってたら給料泥棒。どれだけ福岡営業所のレシオ（売上比率）を上げるかが大事だぞ〟とよく言われました。敬さんから引き継いだテリトリーを必死に盛り上げ、ヒットの火種を作っていきました」

岸本は吉田が転勤後に遺した九州発ヒットの方程式をさらに発展させ、後に吉田のテレビプロモーション、タイアップにおける一番弟子となり、この時代をともに並走することとなる。

吉田は国内販売促進部のテレビ担当としての辞令を受け、本社に戻ることとなる。しかし、各芸能事務所も含め、いろいろなことがうごめくテレビプロモーションの世界は、地方とは比べ物にならない、プレッシャーとストレスを感じる日々だ。エリア担当のように全てを自分で判断し、アーティストを売り込む戦略を描く経験値とのギャップは就任当初の吉田を苦しめたに違いない。当時は、強い事務所が主要歌番組に自社アーティストをブッキングするなど影響力を行使していて、レコードメーカーの一局担当の熱意やパワーではどうにもならない壁が存在した。

当時、稲垣の秘書をしていた佐野恵子は語る。

「敬さんは、新入社員の頃はほとんど印象になかったのですが、福岡から戻って来たころから、気になる存在でした。とくに、私が興味をひいたのは、同期の大橋さん（大橋俊幸）と、突然摑み合いの大喧嘩を始めたこと。何が原因か分からなかったけど、いつもニコニコしていた敬さんが真剣な表情で、怒っていて。熱いものがある人なんだなと思いました」

同部署で、宣伝デスクをつとめていた、井越喜子は当時の吉田の印象をこう語る

「塔本(塔本一馬)さんとともに日本テレビやフジテレビによく行く姿をみかけた。Tシャツや襟がパリっとしてないラガーシャツなんかを着て、媒体に行ってる姿をよく見かけた。なんかくたーっとした印象だったので、声をかけてた記憶があります。仕事はテレビというメイン媒体を担当していて。聞いた話では、局の大道具の人とまで名刺交換をしたとか。地道にしっかりやっている印象だった。でも、自分ごとに関しては常に後回し。特に精算が遅い。入金確認の電話が来て、慌てて(敬さんの)机の引き出しを開けると、期限が切れた請求書が出てくる出てくる。(敬さんは)会社に不在のことが多いので、経理に私がよく代わりに怒られた。悪いと思ったのか気を遣って、お土産とか買ってきてくれるんだけど、、パックに入ったイチゴを何の包装もせず、そのまま渡してきたりして(笑)器用なタイプではなかったけど、なんか愛情深い人だなと思った」

「稲垣さんも経費精算が遅かったから、部下たちも遅れ気味だったのかしらね。ただ稲垣さんは、どんなに仕事や接待で夜遅くなっても朝は必ずいらっしゃる。それを見習ったのか、敬

さんも毎朝ちゃんと来る印象がありましたね」（佐野）

また、当時新入社員で同部署に配属された牧（旧姓：尾櫃）有里子（現：オビツ製作所代表）とは、こんなエピソードがあったという。

「その頃、わたしは、女優の裕木奈江が歌手デビューしたとき、敬さんと組んでアーティスト担当をしていました。彼女は、水曜日の深夜にニッポン放送の『オールナイトニッポン』でレギュラーをやっていたので、毎週、局に行って深夜生放送に立ち会ってました。そんなある日、普段は来ない敬さんが、ひょっこりニッポン放送に来たことがありました。当時辛いことがあり生放送中に結構な泣き言を言ってしまった際、敬さんは営業終了していた喫茶スペース「3ロビ」に連れてってくれて、淡々と励ましの言葉をかけてくれました」

吉田は、珍しく熱い言葉で、今の自分たちがいるのは稲垣を始めとする宣伝部の先輩たちが、CBS・ソニーがまだ世間に知られてない時代に、踏ん張った日々があるからで、俺たちも頑張れる、頑張ろうと力説したという。

そんな中で吉田は自分にしかできない独自のポジションを求め始める。そこで、会社からの業務命令をこなしながらも、自分の活路を歌番組以外に見出すようになっていく。そして、吉田の興味とモチベーションは、楽曲タイアップを実現することに向かっていく。いつしか吉田は、ドラマやバラエティのプロデューサーに、雑誌担当時代を彷彿とさせる〝夜討ち朝駆け〟の飛び込み営業をかけていくのだ。

こうして、吉田は営業先のテレビ局では、各レコード会社から派遣されるプロモーター同士の情報交換より、むしろドラマやバラエティに営業をかける、大手事務所の若手マネージャーと積極的に親交を持つようになっていった。

そんな中に、現在、ホリプロ代表取締役社長をつとめる、若き日の菅井敦もいた。

「吉田さん、元気にしてる?」

平井堅がホリプロ所属の妻夫木聡主演ドラマ『ブラックジャックによろしく』の主題歌を担当した際、制作発表記者会見の場で、僕は初めて菅井と会った。

「吉田さんとは、気がつけば知り合いだったという感じです。僕も吉田さんもテレビ局担当という役回りで、終始局に張り付き自社タレントの売り込みや、ドラマなどのキャスティング情報をリサーチしていました。吉田さんは、歌番組だけでなく、ドラマやバラエティのキャスティングや改編情報をリサーチして、自分の攻め込む番組の見当をつけてました。そんなレコード会社のプロモーターは当時珍しいタイプだったということもあり、とても気が合いました。会うのはいつも局でしたが、〝菅井さん、情報なんかありますか?〟とぶっきらぼうに話しかけられた記憶があります」

そんな動きのなかで、吉田が出会ったのが高田卓哉(元TBS制作局長)である。

「彼と出会ったのは、僕が『ザ・ベストテン』のディレクターをやっていた時。TUBEの広島宇品港からの生中継の際にレコード会社のスタッフの中に、彼の姿があった。メンバーの前田くんや春畑くんと一緒にコロガシ(地面に置くタイプのモニタースピーカー)や機材を片付けていたのがすごく印象に残っている」

後にTプロジェクトという組織を牽引することになるTUBEとの縁は、既にこの頃から始まっていたのである。若かりし頃の吉田の姿はどのように、高田に映ったのだろうか。

「なんとなく気があったのか、彼は色んな話を俺にしてくれた。テレビ業界、音楽業界と立場が違う分、中ではしゃべれないことを、彼は俺にしゃべれるわけ。社内では言えない思いや仕事やプライベートの相談をよくしてくれたよ」

当時の仕事ぶりはどうだったのだろうか？

「彼の仕事の仕方をみてると普通じゃないよね。のんびりやろうというタイプではない、太く短くというか。社会人経験が浅いと自分がこのぐらいまでやればいいかとかね。こういう役割でやればいいかっていう風に思っちゃうのが普通だけど、彼はそうじゃなくて、前に出てって、どうすれば自分のやりたいことを目標に最短コースで近づけるかっていうのを常に考えていた。彼はテレビプロモーションの本質を見抜いていた。キーパーソンが誰であるかをかぎ分け、アプローチすることが一番の近道。仕事につながる人間こそ、局内でつかまえることが難しい。どうやったらその人間に近づくかをいつも考えていた、そしてどんなプロモーションが刺さるかを入念にリサーチして臨んでいた」

吉田が、テレビ、タイアップ担当として動き始めた頃、高田は編成部に異動となっていた。

「編成は制作と営業を連結する要のポジション。改編情報やキャスティング情報を握っていた。

一つの企画を通すのに、なぜその企画を通したか、ちゃんと説明できる理由付けが重要だった。また、一部の事務所との癒着などが疑われないようニュートラルな姿勢が大事だった。この枠のこのドラマの主題歌を獲得するには誰にアプローチすれば良いかの相談はよく受けていたと思います。場合によっては編成部高田の紹介で、ということでアポをとっていたケースもあるかもしれない」

僕が吉田の部下になってからのこと、改編情報やドラマのキャスティング情報を把握していないと、不機嫌を露にして「お前はテレビ担当としてまだまだだな」と言われたことを思い出した。その時に必ず、編成部に行けとも。しかし、当時音楽番組だけでもプロモーション活動がいっぱいいっぱいだった僕にとって編成の壁は高かった。制作部のスタッフルームのような大部屋と違って、外部からの直接の売り込みを拒否するかのような独特の重たい空気が流れていたように思う。高田と人間的な繋がりを既に構築していた吉田は、いとも簡単にそのハードルをすり抜けたのか。

吉田の宣伝部の先輩であり、久保田利伸の制作担当でもあった、元ソニーミュージック取締役の〝ジャンボ〟こと佐藤康広（現：ＪＳＤファクトリー代表）に話を聞いた。

「僕が敬を知るようになったのは、福岡のエリア担当時代から。僕が仕切るエリア会議の場で敬が積極的にアイデアを出してくれて、地方発の音楽情報番組を作ることになったのを憶えている。本社に戻って敬がタイアップ担当として動き出したころ、ちょうど僕がシンガーソングライターの楠瀬誠志郎の制作担当をしていて、〝ジャンボさん、これからはドラマタイアップですよ。積極的にいきましょう〟と敬が言うので、それに触発されて、TBSの八木さん（ドラマプロデューサー、八木康夫）に直談判して、TBSドラマ『ADブギ』（1991年、主演：加勢大周）の主題歌に「ほっとけないよ」が決まり、スマッシュヒットした。その直後に敬の方から〝次の主題歌もすぐ動きましょう！〟と働きかけてくれて、日本テレビのドラマ『いとこ同志 -Les Cousins-』（1992年、主演：高嶋政伸・山口智子）の主題歌に「星が見えた夜」を決めてくれた。小山啓さんというプロデューサーに直接アプローチし、話を進めていたように思う。

敬はピンポイントでドラマのキーパーソンに食い込んでいた。特にフジテレビ（当時は共同テレビ）の塩沢浩二さんにベタ付きで、何回も〝飯一緒に行きましょう〟と言われ、敬に付き合って塩沢さんと何回も飯を食って。さらに（ファンキー・ジャム）大森さんもかり出して、しつこいぐらいのアプローチの末、ついに『チャンス！』というドラマに久保田利伸の「夢with You」を決めてくれた。敬は、すでにこの頃から大森さんにも〝タカシー！〟と可愛がられてたな」

久保田利伸が所属する事務所であるファンキー・ジャムの社長、大森奈緒子に話を聞き、当時のことを振り返ってもらった。

〝大森さん、今から行ってもいいですか？〟

「いつもタカシは、そう電話をかけてくると、事務所にワッとやってきて、アイスコーヒーを飲んで帰っていった。ウチにはコーヒーはあっても、アイスコーヒーはないので、いつもホットコーヒーに氷を入れたものを出していて、それをごくごく飲んでました。本当に10分くらいで帰っちゃう、風のような人（笑）。でも、その10分の中に全てがあるんでしょうね。例えば、今考えてることを10分で私が話すと、そのゲットした情報をどうやって料理しようかと考えるとき、もうウチの事務所にいる必要はない。だから雑談もしない。〝天気がいいですね〟もない。もう用件のみ。〝大森さん、よいヒントをもらいました！〟と言って帰っていく。私はもっとおしゃべりしたいタイプなんだけど（苦笑）」

1986年、シングル『失意のダウンタウン』でデビューした久保田利伸は、大学卒業後、デビューまでに1年の準備・空白期間があった。久保田は、シンガーやアイドルへの楽曲提供など作家活動をして過ごす合間を使って伊豆のスタジオにこもり、リスペクトするブラックミュージックやソウルミュージックの曲を〝遊び〟でカバーしレコーディングしていったという。その中には、1人で「We Are The World」(U.S.A. for Africa)の全てのパートを歌ったもの、スティーヴィー・ワンダーの曲をアカペラで一人多重録音したもの、田原俊彦に提供した楽曲のセルフカバーなどがあり、彼のルーツミュージックと非凡で突出したボーカル力をアピールするバラエティ豊かなデモ音源となった。

そのときの音源が、彼がデビューする前に媒体関係者に配った通称「すごいぞ!テープ」の元になったという。新卒でCBS・ソニー国内販売促進部に配属され、プロモーターデビューした吉田は、まずはこのテープを媒体に配りまくることによって、久保田利伸の存在をアピールしていく。やがて、自分の担当媒体である雑誌の取材やラジオのゲスト稼働の場で本人やその時マネージャーとして現場にいた大森との接点、交流が生まれるようになる。

「私の中で敬は最初から〝タカシ〟だった。久保田本人とも同世代で、80年代ディスコやソウルミュージックなど好きな音楽がすごく似ていたんですよね。あと学生時代に野球を頑張っていたところも。だからタカシは久保田のことをすごく好きだったと思います。久保田の作る音楽とか、どこかでシンパシーがあったような感じがしますね」

1992年、久保田利伸は所属していたキティミュージックを離れ、現事務所ファンキー・ジャムをプライベートオフィスとして設立。大森がマネージメント業務を統括することとなる。

1993年5月にリリースされた新体制第1弾シングルは、本人出演のコカ・コーラCMソング「ふたりのオルケスタ」とドラマ主題歌「夢 with You」をそれぞれ表題曲に据えた8cmシングル2枚同時発売だ。

「あの頃のソニーミュージックの宣伝マン達は、すごくアグレッシブで良き時代でした。それぞれのアイデアを持って自分の持ち場で全力を尽くすといいますか、皆さんが自分のテリトリーの中で、切磋琢磨してやっているのが記憶に残っていて。各メディア担当が事務所にもちょくちょく遊びに来てくれていました。そして自分の担当する媒体でどう久保田を売り出していきたいかを私に話してくれるんです。そうやって話すことで、アイデアが膨らんだり面白い情報を得られたりするので楽しかったですね」

アー担も媒体担当を兼務していた時代で、スケジュールこそアー担がまとめるけれど、各媒体のことはアー担を通さず、直接私とやり取りしていました。直に情報が入るので、状況も見えやすいし、私にとってはそれが一番やりやすかったです。その中の1人にタカシがいて、いつもいち早く最新の情報を持ってきてくれていた。タカシは媒体のキーマンを探り当て、スッと懐に入るのが得意だった。タカシのアイデアに私が良いリアクションをすると、そのキーマンに有無を言わせず私を引き合わせてしまうんです。その後はタカシを入れて3人での打合せになるのですが、タカシは何もしゃべらない（笑）。すると、先方と私はお互い何とかしなきゃいけないという感じになり、まずは打ち合わせを前に進めていかざるを得なくなるんです。巧みでしたよね。たぶん、先方や私の性格を見越していたんだと思います。だから、会わせちゃったら成立するぞっていう目論見があったんでしょうね」

そんな中、吉田が大森と引き合わせたうちの一人が、フジテレビのドラマ制作部にいた塩沢浩二（塩澤浩二）だという。

「タカシと塩沢さんには共通の趣味があり、相当仲良しだった印象がある。ジャンボさんも含めた4人でよく食事にも行きましたね。当時はCHAGE & ASKA（現CHAGE and ASKA）、ユーミン（松任谷由実）、小田和正など、ドラマ主題歌きっかけで大ヒットが生まれる時代に突入していた。もうある程度のセオリーができていたんです。だから各社がみんなドラマ主題歌のタイアップを欲しがっていたはずなんですよ。そもそも簡単にはいかない状況の中、タカシの情報網や作戦がうまくいって、ドラマプロデューサーと近づける機会を仕込んでくれたのだと思う」

このメンバーで初めて実現したのが、フジテレビ系水曜21時枠の連続ドラマ『チャンス！』

（1993年、主演：三上博史）の主題歌『夢 with You』である。

1994年に入ると、フジテレビ塩沢が手掛けるドラマ『時をかける少女』（主演：内田有紀）にREBECCAのボーカルNOKKOのソロでバンド解散後初となるシングル『人魚』を決めることになる。

またTBSでは、前述の編成部高田から情報を得て、編成枠として制作会社に外注して制作される東芝日曜劇場『ふたりのシーソーゲーム』（主演：中村雅俊）のプロデューサー、テレパック矢口久雄にアプローチし、ブレイク前の新人SMILEで主題歌を獲得。『ジグソーパズル』という楽曲を提供した。

そして、日本テレビでは『いとこ同志』で接点のあった小山の手掛ける『夜に抱かれて』（主演：岩下志麻）というドラマに久保田利伸をプッシュした。

その時、小山には、別のアーティストが意中にあり、それを察知した吉田とジャンボは別なアプローチを試みたという。ソニーミュージックの先輩で南沙織や山口百恵を手掛けたプロデューサー酒井政利に相談を持ちかけた。

「(ドラマの脚本を担当する)井沢満さんと酒井さんは懇意にされていた。酒井さんから井沢さんに話をしてもらって、〝曲の雰囲気や詞に関して久保田さんに自分がいろいろ相談できるんだったら、是非やりたい〟という話になり、プロデューサーの小山氏にも礼を尽くして、〝絶対にヒットさせるんで〟と、その話を全部、敬がまとめてくれた」(ジャンボ)

こうして、最終的には脚本家・井沢満が作詞を手掛けるというコラボが実現し、「夜に抱かれて〜A Night in Afro Blue〜」が誕生、主題歌となった。

そして、1995年吉田はタイアップ担当の傍ら、あるアーティストの宣伝担当に就任する。「Sony Music Audition '93〜Breath」に応募したのをきっかけにソニーミュージックと契約した三重県出身の男性シンガーソングライター、平井堅である。

鳴り物入りのデビューを画策した所属事務所は、デビューシングル『Precious Junk』でいきなり、フジテレビのドラマ『王様のレストラン』(主演:松本幸四郎)のタイアップを用意したのだった。

「敬は、ドラマ主題歌デビューにあまり賛成してなかったな。平井の『キャッチボール』っていう曲がすごく好きで、〝平井は本物だから地道にライブからいく!〟って言ってたね」(ジャ

ンボ）

吉田の後を継いで、福岡のエリアプロモーターだった岸本にも指令が出ていた。

「敬さんがアーティスト担当をした平井堅は主題歌デビューしたものの、下地ができてなかったので福岡、熊本で無料ライブを行ったり独自施策を盛り上げ、その地区での動員を500〜600人まで集めるまでになりました」

吉田は、タイアップの力を頼らずに、ライブを中心にしっかりとアーティストとしての足腰を鍛える方針に打って出た。平井堅が本格的なアーティストだったからこそ、今までと真逆の戦略で施策を練ったという。特に地方のFM局でのシンパ作りに力を入れた。

そんな中、札幌と福岡のFM局でレギュラーを持ち、その地区でのシェアを確実にUPさせていった。これが後に効いてくることとなる。

また、この頃、ジャンボが担当していた久保田利伸と平井堅の接点も生まれている。そういえば、平井堅を「楽園」で再度売出しにかかるときに、彼がカバーした楽曲のデモテープ集を媒体に配布したことがある。これは久保田利伸がデビューするときに、媒体に配った「すごいぞ！テープ」にインスパイアされたものだった。吉田が積極的にタイアップを獲得して親交を深めた、元祖ジャパニーズR＆Bの久保田利伸とこの5年後に男性R＆Bシンガーとして再ブランディングしブレイクすることになる平井堅との接点は、アーティスト担当吉田と制作担当ジャンボとの交流から生まれたのだという興味深い事実が伝わってくる。

そして、吉田はドラマ主題歌成立の現場や平井堅のアーティスト担当としての動きの中で大手音楽事務所、研音の児玉英毅の懐にも飛び込んでいくことになる。当時、研音社長であった児玉と会長でありオーナーの〝BOSS〟こと野崎俊夫に話を聞いた。

「敬と会ったのは、いつだったかな？　平井堅が『王様のレストラン』の主題歌を担当したときにはおそらく会ってるんだけれども、やはり印象に残っているのは『ロングバケーション』の時の方が強い。久保田利伸はソニーのジャンボからプロモーションを受けていたんだけれども、気がついたら敬と私のやり取りでことが進んでいったように思う」（児玉）

1年以上前に、吉田は、1996年4月クールのフジテレビ系月9枠は山口智子主演で相手役が木村拓哉だという情報を入手していたという。

野崎は「気がついたら敬は毎日、研音にいたな。毎日といってもひどいときは1日2回。昼来たと思ったら夕方も来てた。何かをプロモーションするというよりは、ただいる（笑）。もちろんプッシュするアーティストのことはよく語るんだが、とにかくこちらが応援せざるを得ない状況になるまでずっといる（笑）。気がつくと、ファンキー・ジャムの大森さんもいた（笑）」と述懐する。

その頃、いつものようにファンキー・ジャムにやってきた吉田は、大森と情報交換やアイデア出しのミーティングをしていた。大森は当時、山口智子が久保田の大ファンで、とある女性誌の対談相手に久保田利伸をリクエストしてきたことを伝えた。聞くところによると、自らチケットを購入し、一般客にまじってライブを見に来るぐらいだという。そして、そんな大森も山口智子の大ファンで、むしろいつか彼女と一緒に何か仕事がしたいと吉田に熱弁するのだった。気がつくと吉田は、山口智子の所属事務所である研音の当時社長だった児玉と大森を引き合わせていた。

「研音の児玉さんと初めて会ったとき、まず彼の人柄に私自身が惚れこんでしまい、とにかくまた会って話がしたいと思うようになった。最初に会ったときは、私がいかに山口智子さんが好きかということを一生懸命ひたすら語ったんだと思います。そのときの私は単純に〝久保田と山口さんとで仕事が何かできたら……〃ぐらいの気持ちでした。あとから『ロングバケーション』の話を聞かされた時、当時久保田は活動の拠点をニューヨークに移して、日本の音楽業界からは距離を置いている人という風に見られていた節があるから、〃久保田を提案してもよいんですか？〃とこちらから聞いたぐらいです」（大森）

吉田は、児玉と大森のやり取りを見ながら、情報を巧みに引き出して、『ロングバケーション』というドラマの主題歌を決めるために、どこの誰にどうアプローチしていくかをシミュレーションしていたんだと思う。

前出の大森の言葉のように〃トレンディドラマ〃の主題歌を獲得して楽曲が大ヒットするという図式は当時の鉄板のヒットの方程式であり、獲得にも多大な苦労を要求された。競合のアーティスト候補もひしめいていたという。吉田は奔走した。

ドラマに関わるこだわりの強い関係者の中からキーパーソンを嗅ぎ分け、提案アーティストの味方になってもらう必要があった。特に、『ロングバケーション』において一番苦労したのは演出の永山耕三だという。久保田利伸に主題歌が内定しかかったとき、永山から〃女性の声が欲しい〃というリクエストが入った。久保田サイドはデュエットソングを歌うつもりは毛頭なく、永山からのリクエストは一瞬成立不能なように思えた。

大森、ジャンボ、吉田をまじえチーム内で諦めムードが漂ったときに、久保田本人が「ナオミ・キャンベルなんてどうですか?」とつぶやいたという。偶然にも、彼女は当時ニューヨークに拠点を移していた久保田利伸と同じマンションに住んでいたのだ。エレベーターでたまたま遭遇した彼女に久保田利伸が直接交渉した。「僕のレコーディングに参加しない?」と。結果的に『ロングバケーション』で山口智子の演じる役が〝売れないモデル〟の設定だったことも、この起用に説得力を生んだ。

「日本の女性アーティストとのデュエットソングにするつもりもなかったし、洋楽アーティストにしたら歌詞が英語の曲になる。それも避けたかった。当時、トップモデルだったナオミ・キャンベルのコーラス起用は、その両方をクリアするベストアイデアで、これしかないと思った」(大森)

永山もニューヨークのレコーディングに立ち会い、「LA・LA・LA LOVE SONG」誕生の瞬間に立ち会ったという。

僕らは平成のスーパーヒット曲、久保田利伸 with ナオミ・キャンベル「LA・LA・LA LOVE SONG」が、当時トレンディドラマの象徴とされた『ロングバケーション』の主題歌に起用され大ヒットしたという事実しか知らない。その陰で吉田を中心とした関係者たちの泥臭いプロモーションとネゴシエーションが展開されていたことを知り、驚きを禁じない。おしゃれさや華麗さとは無縁なストレートで実直なプロモーションの日々の積み重ねと、決定に至るまで、クリエイティブサイドのリクエストに応えながら、どんなプロセスもおろそかにせず、最大最高の状況を作るための努力がスーパーヒットにつながっているということを改めて思い知るのだ。

大森の発案で児玉生誕の地、中国 上海を訪ねる旅が企画・実施されたこともあったようだ。ジャンボと吉田も参加し、楽しい旅行となった。

「毎晩美味しい中華をいっぱい食べて、児玉さんの話をたくさん聞いて。タカシはなんかそわそわしてたわね。個人行動が好きだったから団体旅行は苦手だったのかもね」(大森)

大森に吉田がどのような人物だったのか改めて尋ねてみた。

「とにかく群れるのが苦手、孤高の人。仕事っぷりはゲリラ。処世術を全く持ち合わせていない。例えば上司の機嫌を取るとか、下を育成するとか、そういうことに関しては、当時の私の印象では全くなかったと思いますよ。あと、〝自分をわかってください〟的な発言がゼロなんですよ。自分を売り込むにあたって、僕はこういう人間ですとか、多くの人は自分のキャラを出しがちですが、それがないんですよね。そうすると、相手がタカシに対していろいろ聞くしかなくなるんですよね。あと、仕事の余韻を全然楽しまない。〝ブック(ブッキング)終了、次!〟って言って、先に進んでいく。普通だったら成功を堪能する時間がほしかったりするものなのに」

この頃には、吉田から福岡エリアを引き継いでいた岸本も本社に戻り、吉田のチームに組入れられるようになっていた。

「どうせタイアップを取るなら、A面(シングル盤の表題曲)が切れるタイアップを決めなきゃ、仕事じゃないからな」

吉田とともに、日本テレビ、TBS、フジテレビをまわりながら、口癖のようにそう言われたという。

ここで、吉田のテレビ、タイアップ担当として活躍した当時のキーパーソン、土屋敏男(当時:『電波少年』プロデューサー、現・Gontents合同会社代表)に登場してもらおう。

この当時、日本テレビでは今でも伝説として語り継がれているバラエティ番組『電波少年』(『進め!電波少年』(1992年~1998年)及び『進ぬ!電波少年』(1998年~2002

年）など）がオンエアされていた。吉田は、土屋とともに、その番組内で国民的注目を集めた「ヒッチハイク3部作」といわれる企画に、〝応援ソング〟という新たなタイアップソングを仕掛け、ヒット曲を生み出したのだ。

「最初は〝すーっ〟て現れた」

当時、日本テレビは麹町に本社があり、土屋は6階の制作局のデスクに座っていた。局担といわれるレコード会社や事務所の宣伝マンがアポもなく制作局のデスクからデスクへと〝回遊〟し、自社アーティストの売り込みを行う風景が日常だったという。

吉田は、日本テレビも担当していた。レコード会社の宣伝マンは主に歌番組のブッキングのために、局内を回遊するが、吉田の狙いは別のところにあった。1回の歌番組の出演よりも番組のテーマソングを獲得すれば、毎週楽曲が流れる。その方がヒットへの近道だと確信していたのである。そこで、目をつけたのが、〝アポなしロケ〟で世間の注目を集めていた『電波少年』である。

1996年4月、その『電波少年』の中であるコーナー企画がスタートする。

当時無名のお笑いコンビ・猿岩石（有吉弘行、森脇和成）が番組内で土屋プロデューサーに呼び出され「香港から出発し、ユーラシア大陸をヒッチハイクで横断、ゴールのロンドンを目指す」という目的を果たすように告げられる。

「猿岩石のユーラシア大陸横断ヒッチハイク」の始まりだった。

「企画が始まって1カ月ぐらいかな。香港を出発して、深圳〜ベトナムと移動し、3カ国目のラオスに入る時、最初に渡した（所持金）10万円が尽きて、3日ぐらい野宿するっていうのがあって。あれ、これひょっとしたら、面白いんじゃないのっていう手応えが世の中的に出てきて。それで、秋元康さんが、そのあたりで電話してきた。『猿岩石、これ絶対面白いよ、ロンドンでゴールしたら、その足でスタジオに入れて、歌を歌わせよう』って。業界の人たちの反応の中では秋元さんが一番早かった。（その申し出は）彼らは歌手でもないし、番組的にも余裕がないから断って。でも、その時に〝歌〟っていうキーワードが、なんかふっと（発想として）残ったのかな。そんな時、吉田さんが『ウチで（〝応援ソングを〟）作らせてください。爆風（スランプ）でやりたい。やらせます』と言ってきたんです」

いつしか土屋は、コーナー終わりでヒッチハイクに成功した猿岩石がトラックの荷台に乗って、次の目的地に向かっていく、その画にふさわしい音を模索していた。番組にもゲストで出演したことのあるビッグアーティストの既存曲の中にイメージに近いものがあり、楽曲の使用許可をオファーするもあっさり断られてしまい、困り果てていた。そこに吉田が〝アポもなく〟登場したのである。

土屋は爆風スランプのメンバーがロケに参加し、書き下ろした応援ソングを直接、猿岩石に披露することを条件に、吉田の申し出を受けた。

「とにかく僕のやり方って、日々思いつきでやるので、それに吉田さんもよくついてきてくれたと思いますね。気づいたら、（インドの）デリーに（サンプラザ）中野さん、（パッパラー）河合さんと一緒に、吉田さんもいた。空港から出て、（爆風スランプの2人が）『猿岩石どこにいるんですか？』って言うから、『いや、これから探してもらうんです』って答えたら、『やられたー！』って言って（笑）」

番組は、猿岩石視点のヒッチハイクから、爆風スランプのメンバーに視点が切り替わり、猿岩石を捜す旅が繰り広げられる。ミュージシャンには過酷なロケだ。

「芸人だったらまだしも、ミュージシャンに（企画内容を）秘密で連れてくってことは、あり得ないじゃないですか。でも、（吉田さんが）そこをそう仕切ってくれて。中野さん達もノってくれて、1日目、スラム街とかに行って捜したんだけれども、見つからない。宿も探してもらって、一緒に泊まって。2段ベッドみたいなとこ（安ホテル）で。とにかくインドは停電が多いんですよ。夜、その部屋にいると停電がおきる。2段ベッド2つの4人部屋だから。中野さんと河合さんと僕と吉田さんだったかな。やることもなく……とにかく電気がよく消えましたね（笑）。そんな中、吉田さんは愚痴も言わず、始終ニコニコしていた印象がある。それで翌日、公園に行ってみようってなって。公園で（猿岩石に）会えて、（応援ソングを）歌って。よく付き合ってくれましたよね」

その時に歌われた応援ソングが、のちに爆風スランプの29枚目のシングルとしてリリースされる「旅人よ～The Longest Journey」（1996年）である。

このロケは、単なる楽曲提供にとどまらない、ミュージシャンのヒューマンドキュメントとなった。猿岩石を見つけ出し、パッパラー河合のギター1本で応援ソングを披露する。メンバーとの交流が生まれ、何日もロクな食事を摂っていない彼らに日本食をご馳走し、旅費を稼ぐためのストリートライブを行う。僕ら目線で見ると、ここに最大級のアーティストプロモーションが実現していると感じる。楽曲はシングルCDが約50万枚を売り上げるヒット曲となった。こうして、吉田と土屋の信頼は深まっていった。

そして、いよいよ猿岩石はゴール地点のロンドンに到達しようとしていた。吉田はメンバーと共に、再びロンドンに飛んだ。

「ロンドンのトラファルガー広場でゴールとなるわけですが、中野さんが『(パフォーマンスを)バンドじゃなくて、ここはオーケストラバージョンでやろう』って言うわけです。で、(同じレーベルの)ソニーつながりでロンドン・フィル(ハーモニー管弦楽団)を入れようとなった。後で聞いたら大変なことだって言われましたよ。で、気がついたら、ロンドン・フィルが入ってた。僕は全然そういう知識がないから、〝あ、入るんだ〟っていうぐらいの感じですよ。トラファルガー広場も本当はテレビの一企画に貸してくれないけど、ロンドン・フィルがやるんだったらということで貸してくれたんですね。ロンドン・フィルを入れてくれた吉田さん、ソニーはすごいことをしてくれたんだなと。ある種の奇跡ですよね。僕なんか思いつきで色々言ってるだけだけど。吉田さんは本当に演出の意図を汲んで動いてくれた」

吉田がロンドンから戻ると、ソニーミュージック内で組織改編が行われ、当時制作部長として平井堅をみていたジャンボは、統合された宣伝部のヘッドとして社内異動となり、プロジェクトから外れることとなった。吉田は、ジャンボさんに〝平井は絶対に売れるんで、制作と宣伝をあわせるようなセクションを作ってそこで平井を売りたい〟という構想を話していたという。

こうして、吉田の1996年は過ぎていった。『ロングバケーション』が4月クールで、猿岩石がヒッチハイクを始めたのも4月。同じ年にニューヨークで久保田利伸のレコーディングに立ち会い、インドに爆風スランプと訪れ、ロンドンで猿岩石のゴールの演出に奔走する、まさに地球上を駆け巡って八面六臂の活躍をした年といえよう。さらに僕として注目したいのは、この年の同じ4月クールのドラマで古内東子『誰より好きなのに』を挿入歌として使用した、よみうりテレビ制作のドラマ『俺たちに気をつけろ。』（主演：保阪尚樹）も吉田のコーディネートにより実現していることだ。そのタイアップの決め方も〝敬流〟だったといえよう。

「ある日、靖国通り沿いの雑居ビルにあるピアノバーに行くと、古内東子さんがスタンバイしていて、僕らだけのためにピアノを弾き語りしてライブをしてくれた。強烈な記憶ですね」

そう語るのは諏訪道彦（当時：よみうりテレビ、現：アスハPP代表取締役）だ。アニメ『名探偵コナン』の生みの親として知られる、プロデューサーだ。

「当時、僕は編成にいて、漫画原作もののドラマも担当していた。ドラマ部の藤井さん（藤井裕也）と一緒に敬さんに呼ばれて、古内東子さんのライブを見ることになった。感想を直接いうのも、照れくさくなるような近い距離でライブをしてくれて。ある種、脳天を撃ち抜かれるようなショックを受けて、そのまま帰ったと思う」

諏訪は『シティー・ハンター』や『YAWARA!』など月曜7時のアニメ枠のプロデューサーとして活躍。アニメの楽曲といえば、「タイトルや主人公の名前を連呼する」ような、いわゆるベタなアニソンが主流の時代。まだアーティストの書き下ろしによるタイアップとしての主題歌などなかった時代にそれを切り開いたパイオニアだ。諏訪がいなければ「鬼滅の刃」の主題歌ヒットなどなかったといっても過言ではない。『シティー・ハンター』ではエピックソニーと組み、小比類巻かほるやTM NETWORKをヒットさせ、『YAWARA!』では永井真理子の「ミラクルガール」がスマッシュヒットした。そこにも、吉田はいち早く目を付けアプローチをしたのだろうか。

「あまり仕事をした記憶がないですね。よく飲みに行き、それにカジュアルに付き合ってくれたのが敬さんだった。ゴルフに行ったり、敬さんの奥様が見立ててくれたハンドバッグを僕の妻にプレゼントしてくれたり、、ビジネスエリアじゃない部分をお互いみせあって付き合ってきたと思う」

前述の古内東子が挿入歌を担当したドラマ以降、唯一仕事をした作品が、アニメ『ガンバリスト駿』だという。まだ、『名探偵コナン』が始まったばかりの時期、コナン前の19時の枠で1996年7月開催されたアトランタオリンピックを控えて急遽企画されたのが『ガンバリスト駿』だった。日本勢のメダル独占が期待される〝体操競技〟にスポットを当てるべく企画された、ロサンゼルスオリンピックの金メダリストでもある森末慎二原作のアニメである。オープニングテーマはREDIAN:MODE。エンディングはNOKKOが起用された。

「REDIAN:MODE？　全然知りませんって言ったんだけど、〝今の体操アニメっていうのならば中学生とか高校生が主人公ですから、若くて弾けてる感じには絶対合う！〟って、結果使ってみたら的確な提案だったなと」

当時、次世代ヴィジュアル系バンドとしてインディーズ時代から注目を集めていたREDIEAN iMODEを提案するアプローチの仕方に感心したという。しかしながら、体操王国日本がアトランタ五輪では、まさかの不調。メダルを1個も取れず、オリンピック終了とともにアニメの人気も下降線をたどっていった。

一方、諏訪は『名探偵コナン』のヒットにより、多忙になっていったが、吉田との友情は続いた。定期的な食事会や誕生日パーティなどには、必ず吉田の顔出しがあった。新作のアニメの企画も具体的に相談したこともあったという。

「こんなことを考えてるのか！と驚いたことも何度もあった。吉田さんのルックスと発想のギャップというか、この考えには負けたくないと刺激されたことが何度もあった」(諏訪)

第4章

スタッフ大量離脱の危機を救え!

～Tプロジェクトの誕生

1996年、ソニーミュージックの社内は揺れていた。TUBEの16作目のアルバム『Only Good Summer』がリリースされた直後、TUBEを担当するレーベルのトップである橋爪健康が米ワーナーミュージックグループのイーストウエスト・ジャパン社長として引き抜かれるという事態が発生する。その頃のTUBEプロジェクトの母体となったソニーレコード国内第3制作本部は、1993年に開幕したJリーグのオフィシャルテーマのリリースの権利を獲得し、TUBEのギタリスト春畑道哉のギターインストによる「J'S THEME（Jのテーマ）」を発表。歴史的なJリーグの開幕戦「横浜マリノス（現：横浜F・マリノス）対ヴェルディ川崎（現：東京ヴェルディ）」でのパフォーマンスを実現させていた。また、TUBE以外の所属アーティストに目を向けると、郷ひろみはバラード3部作（「僕がどんなに君を好きか、君は知らない」「言えないよ」「逢いたくてしかたない」）の成功で新たな境地を獲得し、オーソドックスなロックバンドだったTHE BOOMは沖縄音楽にアプローチした「島唄」やサンバ調の「風になりたい」を大ヒットさせるなど攻めた姿勢で好成績を記録。ソニーミュージック内のレーベルの中でも独自の存在感を放っていた。
この時の移籍は、橋爪個人の移籍ではなく、そんな第3制作本部に所属するディレクター、プロモーター、ビジュアル担当を含めた総勢15名の移籍で、橋爪を筆頭に部署ごとそのまま会社を異動するかのような前例のないスケールだった。ソニーミュージック内に激震が走った。TUBEもひょっとしたら橋爪チームについていくのではないか。そんな憶測と噂が社内に充満していた。

そんなTUBEのデビューは吉田がCBS・ソニーに入社した1985年までさかのぼる。

「吉田君の入社当時の印象は正直言って、全くないんですよ」

TUBEの所属事務所、ぐあんばーる社長の菅原潤一は、吉田との思い出を語り始めた。
「〝(TUBEとは)85年デビューで同期です〟と言われて、そのことを意識したのはTUBEのA&R、つまりTプロジェクト(主にTUBEのプロジェクトと新人開発を行った部署)になってからですね。彼は入社当時、媒体担当だったから、頻繁に顔を合わせるアーティスト担当と違って、現場でしか会わないケースの方が多い。だからTプロジェクトができて、やり取りをするようになってからの印象としては、本当に独特で無口で朴訥というか、ソニーっぽくないなと(笑)」

菅原は、吉田との接点を詳しく話す前に、TUBE誕生前夜の実に興味深いエピソードを語ってくれた。当時の菅原は田辺エージェンシーでタモリや中原理恵を担当し、「菅原班」としてメディアへ強力に所属タレントを売り込んでいた。そんな菅原は1984年10月に同社を退職することになる。上司であった川村龍夫(現:ケイダッシュ代表取締役会長)は、11月の頭に六本木のクローバーという喫茶店に菅原を呼び出し、長戸大幸(ビーイング(現:B ZONE)創業者)と引き合わせる。意気投合した2人は、制作・プロデュースが得意な長戸とマネージメントが得意な菅原で共同出資の会社を作ろうという話になる。これがのちにTUBEの制作の母体となるホワイトミュージックだ。そして、菅原は長戸から1枚のモノクロの写真を見せられた。18~19歳の男の子4人組のバンドで、〝パイプライン〟という名前が付いていた。可能性を感じた菅原は長戸と組んでそのバンドを売り出すことを決意する。そのバンドこそがTUBEなのである。

菅原は早速、CBS・ソニーの酒井政利のところに企画を持ち込んだ。すると、酒井は二つ返事でGOサインを出したという。そして、CBS・ソニーのレーベルヘッドをつとめるソニーレコード国内第3制作本部の橋爪健康がTUBEを担当することとなった。

デビューシングル曲「ベストセラー・サマー」は、酒井とともにCMプロデューサーの関山和雄に売り込み、「キリンびん生」CMソングとして10万枚を超えるスマッシュヒット。華々しいデビューを飾った。それ以来、菅原―長戸―橋爪でTUBEプロジェクトが進行し、次々とヒット曲が生まれ、アルバムは連続してミリオンを達成。名実ともに日本のトップアーティストとなっていく。

「橋爪君には今でも怒っているんだよ。より契約条件のいいレーベルから移籍のお誘いもあったけど、彼（橋爪）をソニーの役員にするまでは一緒に頑張ろうと長戸君も含めて話していたはずなのに。自分からいなくなるなんて。しかも、僕が行かないことが分かっているTUBEの地方ライブ会場に行って、メンバーに直接移籍を打診したり、行儀が悪い。そこで、いち早くソニー残留を決めて、役員の五藤さんと今後の体制について話したよ」

橋爪移籍後の、菅原の窓口となっていたのは、五藤宏だった。五藤は早稲田大学の雄弁会出身でコミュニケーション能力が高く、事務方として、各部門を渡り歩き、実績をあげ、当時制作担当の役員を務めていた。その後は、ソニー・ミュージックエンタテインメント専務取締役などの職に就き、2017年にこの世を去っている。吉田が入社した際には人事部長を務めていて、新入社員の中から吉田を見出し、その配属先を国内販売促進部にする決定を下したのは、まさにこの五藤だった。菅原と五藤は話し合い、橋爪チームの後任人事に着手する。そこで、五藤の脳裏に浮かんだのは、新入社員研修で黙々と課題をこなす吉田の姿だったのかもしれない。五藤は、すでにタイアップで数々の実績をあげ、頭角を現していた吉田を呼び出し、TUBEプロジェクトの後任に抜擢することを決意する。吉田はチーフプロデューサーという肩書となり、五藤が直接管轄する部署として独立することになる。Tプロジェクトの誕生である。

「TプロジェクトのTはTUBEのTなのか敬（たかし）のTなのか、結局最後まで分からなかったな(笑)。吉田君は僕には〝TUBEのT〟です！〟と説明してたけど」(菅原)

スタッフ大量離脱を受けたTUBEプロジェクトの責任者に抜擢された吉田は、制作本部の中の1アーティスト担当ではなく、TUBEをヒットさせるための部署を設立することにこだわり、五藤に談判したという。TUBEで得た利益はTUBEの宣伝費にそのまま還元したい。大きな制作本部の中ではビッグアーティストの利益がいったん部署の利益として回収され、他のアーティストの宣伝費に割り振られてしまう。それでは、アーティストのポテンシャルを引き出す最大限の宣伝施策が組めなくなる。そう吉田は考えての談判だった。そして、翌1997年にリリースするTUBEの17枚目のアルバム『Bravo!』に向けてプロジェクトはスタートするが、その前に春畑道哉プロデュースの女性シンガー、佳苗のデビューを手掛けることになる。

「春畑が良い曲を作るんで、作家・音楽プロデューサーとしても活躍してもらいたいなと思っていたところに、当時ソニーミュージック大阪にいた薗部好美さんから紹介されたのが佳苗だった。それで、吉田君にデビュータイミングのタイアップを相談したら、〝わかりました！〟って、いきなり日本テレビの福田泰久さんというプロデューサーのところに飛び込んで、『高校サッカー』のタイアップの話をまとめてきてくれた。それでなかなか仕事ができるなと、彼に一目置くようになった」

佳苗のデビューシングル曲「この地球が果てるまで」が使用された、この年の高校サッカー大会（『第75回全国高等学校サッカー選手権大会』）は、その後世界的に活躍するサッカー選手となる中村俊輔が高校最後の年で大活躍して準優勝を遂げるなど非常に盛り上がり、楽曲もスマッシュヒットした。

菅原はそんな、吉田の働きぶりをみて感心して、こう助言したという。

「吉田君は、タイアップ獲得に関しては貪欲でした。そして自ら直接飛び込む。〝ソニーミュージックの吉田ですけど……〟といきなり代表番号に電話をかける。決まった仕事以外にも失敗した例もおそらくあるんだろうけど、確率は非常に高かったよね。〝ぐあんばーるの菅原ですけど〟って電話しても、先方は出てくれないが、〝ソニーミュージックの吉田です〟といえば、宣伝部長であれ担当者であれ、必ずなんだろうと電話に出てくれるはずなんだよね。ソニーミュージックというブランドは社会的信用が高いんだよ。だからそれは惜しまずに電話した方が良いと彼にはよく伝えました」

そして、次に吉田が菅原のところに持ちこんだタイアップは、バラエティ番組『電波少年』ヒッチハイクシリーズ第2弾となる「ドロンズの南北アメリカ大陸縦断ヒッチハイク」だった。第1弾のゴール、ロンドンでの動きに感激した土屋は迷わず次の〝応援ソング〟の相談を吉田にする。他の選択肢は考えられなかったという。

「第2弾の前田亘輝さんは吉田さんチョイスだと思う。信頼関係が特にTUBEにはあったのかな。ドロンズや番組側からのオーダーがあったわけではなかったので、（第2弾の応援ソングを）誰にするかというのは、その段階では吉田さんに委ねていたってことなんです」（土屋）

「タイミング的に前田（亘輝）のソロでいこうと。バンドよりソロの方が動きやすかったというのがあったのかな。応援ソングみたいなテーマは、ひょっとしたら夏のイメージのTUBEではなく前田のソロプロジェクトの方が合うんじゃないかということになった。われわれTUBEはお正月が明けてからずっとハワイでレコーディングをするのがこの数年、続いてたんだけど、そこに吉田君が迎えにくる形で一緒に（ドロンズのいる）リオデジャネイロに向かったんですね。リオのカーニバルを楽しみながら、ドロンズを探そうみたいなノリで」（菅原）

前田亘輝もリオデジャネイロに飛んだ。

「（リオデジャネイロに来てくれた）前田さんも、（ドロンズを）捜すのは何となく覚悟してたんだろうと思うんだけど、『今日、野宿ですよ』って言ったときの前田さんの表情は忘れられないよな。当然、吉田さんなりマネージャーの方を探すわけじゃないですか。そういう時って、目を伏せるんですかね（笑）。そのミュージシャンとは信頼関係もあるだろうから、企画内容を言わないでいるというのはすごく辛いことだったと思う。『はい、寝袋』って渡されたときの前田さんの表情にリアルさがあったから、言わずにいてくれたんだろうと思いましたね」（土屋）

「『電波少年』のリオデジャネイロでのロケが終わって。ハワイから着の身着のまま、手荷物一つで行ったので、前田も僕も吉田君もTシャツと短パンなんですね。それで日本に帰るには、ニューヨークで1泊して乗り換えなので、ひとまず飛行機に乗って向かったんです。で、3人とも英語があまり得意ではないので、到着したというアナウンスが機内に流れたと思って、パッと降りたら、雪が降ってるわけ。しかも出口まで歩いてきたら雰囲気が違う。ニューヨークのJFK国際空港は二度ほど来てたから、何か違うと。間違って別の飛行場に降りちゃったと。それで、慌ててやばいと、3人で走って。たまたまJFK行きの国内便に乗れたからよかったものの、あのまま置いてけぼりにされたらどうなっていたんだろうと(笑)。で、なんとか早朝JFKに着いたら、さらに大雪で。前田はトレーナーを持ってて大丈夫だったけど、僕と吉田君はとにかく寒くて。ホテルに辿り着いて、朝10時には店が開くだろうから、それまで震えながら待って。やっと時間になり、何とかダウンジャケットを買いに行けた。なぜかこの時の光景を今でも思い出すんだよ」(菅原)

そして、いよいよTUBEのアルバム『Bravo!』に突入することになる。吉田は、かつて妹分としてデスク業務を行っていた大塚をTUBEの制作担当として抜擢する。彼女も吉田の異動後、デスクからメディアプロモーターとして活躍していたのである。その実力を買って、今度はバディとしてタッグを組んだのだ。

菅原はタイアップの得意な吉田だからこそ、〝TUBEの次のアルバムは収録曲全曲タイアップでいこう〟と話をふった。すでに収録予定曲の何曲かはタイアップの見込みはついていたので、残り数曲を決めてもらえばよい。言うのは簡単だが、実現させるのは相当大変だ。吉田は、全国のプロモーターを巻き込みその実現に奔走し、見事、菅原のリクエストに応えた。

「おそらく当時は他のアーティストでもアルバム全曲タイアップというのはなかった。史上初じゃないかな。〝ここまで来たんだから絶対そうしましょう、それが売りになるから！〟って、彼が全部整理してタイアップをつけたんだよね。リードシングルとなった「情熱」はコロナ「エアコン」ＣＭソングと雑誌『東京ウォーカー』のＣＭソングとのＷタイアップになった。〝大丈夫なの？〟って言った憶えがある。大阪の水族館・海遊館のＣＭソングや北海道マラソンのイメージソングなんていうタイアップもあった。彼の粘り強さ、発想力、行動力を感じたよ」

大塚は、この頃のことをこう回想する。

「最後にタイアップが決まった曲は大変でした。ハワイでのレコーディングが遅れて音源がなかなか届かなかった。明日中にないとプレゼンに間に合わないから何とかしろって敬さんに言われて。航空会社の知り合いを通じて、ハワイ↓東京便の乗務員に頼み込んで、出来たばかりの楽曲のDAT（当時主流だったサブマスター音源などをデジタルで記録するテープ）を運んでもらい、朝一番で成田まで取りに行きました」

こうして、ＴＵＢＥの17枚目のアルバム『Bravo!』収録曲には全曲タイアップがついた。一方、ソニーミュージックの各部門の現場としては、自分たちが不甲斐ない成績を残してしまえば、TUBEは移籍してしまうかもしれない。自然な流れとして、まずはこのアルバムをミリオンヒットにすることが至上命題となった。吉田は、うまくこの危機感を利用し、アルバムを売るための全社一丸体制を構築すべく各部門と連携を取っていく。

当時、営業の販売推進（営業の戦略を考える部署）においてTプロジェクト担当となった大谷英彦（現：ソニー・ミュージック・ソリューションズ代表取締役）は、この頃のことをこう語ってくれた。

「先行シングル「情熱」からアルバム『Bravo!』にかけて数々の営業施策の打ち合わせをしたのを覚えています。とにかくアイデア出しの千本ノックでした。でも、数字に対するプレッシャーをかけてくるというよりは、〝いいものができたので思い切りやろうよ！〟と、ピュアな物言いでモチベーションをあげてくれる、その熱量がすごかった。こちらの意見もよく聞いてくれて、一度、〝どんな初回仕様にしたら良いか〟営業現場の意見を吸い上げてくれ〟と会議を行ったこともあります」

「97年5月に営業と今年のTUBEをどうするかという会議を開いた。テーマは初回仕様をどうするか。店頭の什器に収まらないような大型の特殊仕様は店頭展開するのもディスプレイするのも大変だから、それは避けてくれと営業からリクエストが来た。で、敬さんから〝気の利いた仕様を考えろ〟とそれがミッションとしておりてきた」（大塚）

当時のCD販売における〝初回仕様〟とは、各ビッグアーティストのアイデンティティーを示すうえで、重要視されており、コアファンに向けたイニシャル（初回受注数）対策として大きな効果があった。しかしこの頃、その傾向がどんどんエスカレートしてきて、什器に入らないような場所だけかさばる特殊仕様が横行し、各店舗を悩ませているという具体的なレポートが、営業の現場から吉田にフィードバックがあったという。TUBEも毎年、夏の風物詩的な特殊パッケージによる初回仕様でのリリースを行っており、『Bravo!』も新たにセールスポイントとして打ち出せる特殊仕様パッケージが求められていた。そこで、大塚が考えたのは、その時、旬なグッズのひとつだった、携帯ストラップを初回盤に封入させるというアイデアだった。菅原に提案すると、1色だとプレミア感出ないと指摘され、ストラップの色をピンク・黄色・水色・緑・オレンジの5色にした。結果が、コアファンが全色コンプリートしたい場合は5枚購入しなければならない。今では珍しくない複数購入施策だが、1997年時点では相当画期的な初回仕様となった。

「特殊仕様の先駆け的なものとしては、サザン（サザンオールスターズ）がスイカの模様をした缶にCDとトランクス、ショーツを入れて販売して、それが爆発的に売れたんだよね（『すいかSouthern All Stars Special 61 Songs』／1989年）。『Bravo!』の時も特殊仕様全盛で各社アイデアの出し合いみたいなところがあった。（ソニーミュージックからの提案を受けて）携帯のストラップをつけるんだったら、ここに入れたらいいんじゃない？　って。帯の部分を透明にして、購入者から見えるようにしたほうがよいとアドバイスしました」（菅原）

さらに、大谷は吉田とともに、全社一丸を演出するために様々な工夫を営業主導で行った。〝目指せ！ミリオン〟という立看板を特注し、日めくりカレンダー方式で〝100万枚まであと〇〇枚！〟という掲示を社内の要所で行った。五藤専務の部屋のある黒ビル（本社ビル）6Fのエレベーターフロアの前にも大きく掲示され、来客者の話題になった。特に社員食堂では、発売日から100万枚行くまでの間、ランチを無料にするというインナーキャンペーンを行ったという。

「食堂の話ね（笑）懐かしいな。確かTUBEのアルバムは、毎年8月27とか28日を過ぎると、急にバックオーダーの数字がゆるやかになる傾向があるんです。『Bravo!』も7月1日に発売して連日5000枚前後のバックオーダーが続いていたんだけど、100万枚目前の98万

5000枚ぐらいで、その時期が来て急にバックオーダーが3桁になった。敬さんに〝このまま夏が終わってもずっとやりそうですよ〟って。（インナーキャンペーンを）やめるタイミングを一瞬失ったことがある（笑）」（大谷）

「TUBEのメンバーも（気を良くして）食堂に行ってみたいと言っていたけど、かなわなかったな（笑）ラジオのオンエアも全国で一番の皿回し（楽曲のオンエア）を達成したプロモーターに懸賞としてペアでグアム旅行のチケットを出して、やる気を煽ったとも聞いている」（菅原）

その頃、福岡でエリアプロモーターをしていた小澤愼仁郎（現：ソニー・ミュージックマーケティングユナイテッド宣伝本部本部長）は、TUBEのプロモーションに力を注いだ一人だ。

「敬さんは、福岡に転勤する僕に「地方販促の心得」という直筆の冊子を渡してくれました。ざっくり内容をいうと、1年目は、とにかくマメに媒体を回り、人脈を作れ。2年目は、独自施策を組んで結果を出せ。それで2年経ったら本社に戻れと。そこまでのストーリーを書いた冊子を福岡に行くときにくれたんですよ。そんな僕の2年目がTUBEの『Bravo!』のタイミングだった。敬さんは、あの時に宣伝の王道のことを全部やろうとしたんですよ。地方販促を大事にする人だったんで、全国会議で敬さんは独自施策をやろうと各地のプロモーターにハッパをかけ、良い施策には今では考えられないような宣伝費を割り振ってくれた。僕も〝テレビと組まなきゃダメだよ〟ってヒントをもらって。福岡（九州地区）には敬さんの時代に開拓したKBC（九州朝日放送）をキー局に長崎、熊本、鹿児島をネットしている『ドォーモ』という平日帯の深夜情報番組があって、その番組と組む施策を考えました」

小澤の考えた施策は、番組でTUBEの好きな曲を視聴者投票し、その上位10曲だけの応募者招待の無料ライブを行うという〝TUBEベストテンライブ〟という企画だった。

KBCは5000人収容できる、ビーコンプラザ（別府国際コンベンションセンター）という大分の複合施設の中にある会場をいい条件で借りれるよう段取りをつけてくれた。当時のコンサートでは、直近のアルバム曲中心でヒット曲は要所でしかやらなかったTUBEがシングルだけのライブを行うというのは非常に画期的なことだった。全国から10万通を超える応募ハガキがKBC『ドォーモ』のスタッフルームに届いた。部屋にスタッフが入れなくなるほどだったという。

「普通だったらアルバム収録曲で施策を考えるところを話題でプロモーションしようと。面で露出してアルバムの盛り上げにつなげようという発想だった。もちろん6月の新曲も番組の

テーマソングに決めてもらい、7月にはこんなライブもあります！って、きれいな流れを作ることができた」（小澤）

吉田の働きかけにより、こうしてＴＵＢＥの17枚目のアルバム『Bravo!』は、各部門、各地の担当者がそれぞれの場所でアイデアを出し合い、力を結集したことで、見事公約として掲げた１００万枚出荷を達成することができた。その達成感によって、「ＴＵＢＥの移籍はこれで回避できた！」という空気がやっと社内に流れたという。

大塚は、『Bravo!』発売の際に渋谷の１０９の前に大型ヴィジョンを特設して行ったＴＵＢＥ ＤＡＹ（店頭や街のホットスポットでＣＤを販売するイベント）に来場した、菅原の笑顔をみて、それが〝確信〟に変わったという。

「結果、僕は2年半（福岡に）いたんですけど。僕はあの時、まだ25、６の入社3年目ぐらいの小僧なのに、その土地の責任者とかＴＵＢＥというビッグアーティストの５０００人のライブの折衝や進行を任せてくれるって。そんな上司とか会社ってなかなかないじゃないですか。2年目の時に敬さんから独自施策を一緒にやらせてもらって、今でもゾワッとする仕事のダイナミズムを教わることができました」（小澤）

そして、その年の年末、前田亘輝は再び、『電波少年』のヒッチハイクシリーズでアラスカに飛んだ。

「アラスカのドロンズのゴールにも前田さんが行ってくれて。マイナス40度なわけですよ。そこでライブで歌を歌うということは（同行ドクターが）危ないっていうわけ。マイナス40度の空気を吸うからブレス（歌うために大きく息を吸い込む）をすると、寒さで空気が肺の中で凍ってしまう危険があり、保証はできませんよと。そこで口パクとか、蠟燭を目の前において蠟燭の火の動きで空気を吸い込む量を調整するとか考えたんだけど、結局、ライブ（生歌唱）で前田さんがやってくれて。あれも奇跡の映像でしたね。マイナス40度の中で前田さんのあの歌声だから。感動のゴールをまた作ってくれた。

これは僕の師匠の萩本欽一の教えでもあるんだけど、『奇跡の起こらない番組はつまらない』って言うんですね。で、やっぱり『電波少年』っていくつかの奇跡があって、その大きな奇跡の一つだと思って。前田さんが彼らのために作った歌を歌いたい。その気持ちが人間の生理を超えていくっていうかね。あの時の前田さんは、すごかったもんな。あのライブはもう1回見たいと思うシーンの一つですね。何度見てもいいし。本当に大きな奇跡の一つだと思ってますね」（土屋）

この時に披露した「君だけのTomorrow」は、前田亘輝の6枚目のシングルとして1997年9月にリリース。ヒットを記録した。

そして、Tプロジェクト2年目の1998年、福岡から異動してきた小澤は、TUBEの次のアルバム『HEAT WAVER』からA&R担当として大塚から業務を引き継ぎ、現場につくことになる。

「東京のラジオと地方販促しかやってない人間がいきなり、制作の右も左もわからない中、ビッグアーティストの制作進行はもちろんジャケットの撮影など何から何まで全部やれって言われて。レコーディング時に、弁当などの手配をして、あとは進行をただ見守るだけ。むしろレコーディングが終わってからが僕の仕事で、菅原さんのところにできあがったばかりの音を届けたり、敬さんに聞かせて意見を聞いたり、ひたすら動き回っていた。最大の難関がジャケット制作で。文字校のミスが起こるわけですよ。ちょっと特殊な書文字や波文字などを使用していたこともあり、収録曲13曲中、12曲分間違えた。しかも、初回分のジャケットのブックレットが印刷し終わったときに、それが判明し、全部刷りなおしになったんです。怖くて桁が読めない金額の書かれた始末書を書かされたんですが、敬さんはそのことについて1回も文句を言わなかった。〝ちょっとこれから気をつけろよ〟ぐらいは、あったのかな。

佳苗で『ドォーモ』のテーマソングを落とした時の方がよっぽど怒られた」

そんな小澤の姿を横目に、吉田はＴＵＢＥのタイアップを次々と実現させていったという。

「ＴＵＢＥの（ルーティンの）リリースプランは、梅雨時6月までに遅くてもアルバムのリードとなるシングルを出す。タイアップ次第では5月のゴールデンウィーク前に出すこともある。だいたいこの時期に清涼飲料水のＣＭがたくさん流れますよね。その場合は5月頭にシングルを出して、それでコンサートをその時期にまわりはじめて、梅雨時6月にもう1枚シングルを出して、7月にアルバムを出すというのが何年か続きましたね。

吉田君はそんな基本とは関係なく、突然〝ドラマ（タイアップ）決めたいんですけど〟あるいは〝決めてきたから曲を書いてください〟という感じでやってくる。『HEAT WAVER』のリリースとは関係なく、ドラマ主題歌の話を突然持ってきたこともあったな」（菅原）

吉田が新たに獲得したそのタイアップは、1998年7月クール、フジテレビ系水曜21時枠のドラマ『世界で一番パパが好き』（主演：明石家さんま、広末涼子）だった。ドラマのために書き下ろした楽曲「きっと どこかで」は、8月にリリースされ、40万枚を超えるスマッシュヒット。『HEAT WAVER』には収録されないものの、このヒットがアルバムにも波及して、ロングヒットとなり、ＴＵＢＥは、同楽曲で二度目の『ＮＨＫ紅白歌合戦』出場を果たす。

「吉田君は、色々なことを計画的にちゃんと理解してやっているというより、これはと思うタイアップを取ってくることで、プロジェクトを活性化させることを大事にしていたように思う。最初から線を引いてということじゃなくて点と点を後で線でつなぐという。ああでもない、こうでもないとうんちくだけ語ってあとは動かないようなタイプはいっぱいいるけど、吉田君はまず行動が先だった。そこからどうするかを考えていた」（菅原）

そして、『電波少年』のヒッチハイクシリーズ第３弾「朋友（パンヤオ）のアフリカ・ヨーロッパ縦断ヒッチハイクツアー」は、吉田と縁の深いもう一人のアーティスト、久保田利伸が応援歌を担当することになる。ヒッチハイクするのは従来のお笑い芸人ではなく、俳優を目指す伊藤高志と香港でＤＪをするチューヤンとなり、二人がこの旅で出会い、絆を深めていくという完結編にふさわしいものとなった。

久保田利伸と親交のある番組の司会者、松本明子が、チューヤンのプロフィールに好きな歌手「久保田利伸」とあるのを発見し、本人に直接応援ソングの制作を交渉すべく、自らニューヨークの久保田利伸のスタジオに飛ぶ。

「第3弾の朋友はアッコ（松本明子）の気持ちもあり、久保田（利伸）さんになったんだけど、制作者の意図なり、クリエイティブなり、出来上がるものに対して何ができるかということを真摯にやってくれた」（土屋）

この時の応援ソングが、久保田利伸の20枚目のシングル曲「AHHHHH!」（1998年）である。

「ニューヨークで久保田（利伸）さんがレコーディングした映像を収録してその足でアッコが朋友に届けるのだが、そのまんまアフリカ（タンザニア）に行って、テントで野宿するんですよ。アッコでしょ、ディレクターでしょ。僕でしょ。そして、吉田さん。僕らテントの立て方も知らない。テントも借りたはいいけど、テントがちゃんと立ってないところに、なんか炬燵みたいにして入ってる。そんなめちゃくちゃで、それで2時間おきに、なんか野生動物が来るかもしれないからっていって、順番に起きて、（火の番をして）見張りをするんですよ。そんなことも一緒にやってた」（土屋）

吉田は、久保田利伸の所属する部署からは離れていたが、ファンキー・ジャム大森のたってのリクエストでゴールのノルウェーに立ち会うことになる。

「ゴールのノルウェーには、どうしても来てくれとリクエストして、けっきょくソニーからはタカシだけの参加になった。今でも憶えているのは、ゴールのタイミングで極寒の中に、灯台があって、その下で久保田が応援歌を歌ったときのこと、それを見届けた後、宿泊する2階建てのコテージに戻って中庭に出ると、空一面にオーロラが出ていて。それを見たタカシが〝怖い怖い〟と言っていたのが印象に残っていますね。黒夜の空一面に浮かんだオーロラは神秘的というより不気味だったのかな」（大森）

そして、吉田は土屋とこんなサプライズも仕掛けていたとジャンボから教えてもらった。

「久保田利伸が上海でＭＶを撮影することが決まった同じタイミングで、『電波少年INTERNATIONAL』の企画の一環として松本明子を上海に行かせることにした。中国で生まれたパンダの名前を番組で勝手に考案し、上海の街の人の反応をみようというものだった。彼女はパンダの着ぐるみを着用し、パンダメイク。そんなロケ中にＭＶ撮影で来ていた久保田と出くわし、挨拶するも、正体はすぐにはわかってもらえず、〝声でわかった！〟と大笑いされるという……。久保田のファンを自認する松本は、その後街角で号泣するという悲喜こもごもなロケに。土屋さんもいい画が撮れたと喜んでたな」

ミリオンヒット2連発を達成

Tプロジェクト創立以来、制作スタッフとして吉田とともに歩んできた、一人の人物がここにいる。『Tプロジェクト』は、TUBEプロジェクトを牽引する部署であると同時に、新人アーティストのリリースも積極的に行った。そんな新人開発と育成を担当したのが藤原俊輔（現：ソニー・ミュージックエンタテインメントコーポレートSVP／ソニー・ミュージックレーベルズ執行役員専務）である、

吉田は藤原の制作マンとしてのセンスを高く評価していた。そんな、藤原と吉田の出会いは、藤原の入社した頃まで、さかのぼる。

「1990年にCBS・ソニーに入社し、宣伝に配属された新入社員の頃から、敬さんのことは知っていた。そののち福岡から本社に戻り、タイアップ担当として活躍される姿もみていた。92年に僕が制作に移動した後も〝ドラマに決めるから、なんか良いアーティストいない？〟っ

て聞いてきてくれたことがあって。僕がその時、担当していたデビュー前の伊良皆誠の音源を渡したら、実現はしなかったものの、敬さんが持って行った先がフジテレビ系ドラマ『あすなろ白書』（主演：石田ひかり）だったことが後でわかり、藤井フミヤの大ヒット枠だ、すごいなと思ったことがある」（藤原）

95年、藤原は大阪営業所に異動しエリアプロモーターとなる。吉田のかつての上司だった薗部が販促課長として藤原を迎えた。そして、そのタイミングで吉田がアーティスト担当をつとめる平井堅がフジテレビ系ドラマ『王様のレストラン』の主題歌『Precious Junk』で、華々しくデビューすることになる。

「敬さんは、タイアップに頼って東京発信でいくとアーティストのプロモーションが空洞化しちゃうから、地方も大事にやりたいと言ってました。メディアミックスして、本人の実態をちゃんと見せるプロモーションをしようと。そこで、敬さんが考えた施策は、営業所所在地の五大都市で一緒に応援してくれる放送局と組んでリスナー招待の無料ライブをやろうというものでした。僕の担当した大阪地区は、後にソニーミュージックの取締役となる竹中幸平さんの担当していたFM大阪『Jay-Land Shuffle』と組みました。デビュー曲の『Precious Junk』は、オクロックソングとして3時間の帯番組の毎時に1日3回無料ライブの告知とともにオンエアされるという施策を組み、２曲目の「片方ずつのイヤホン」はパワープレイにしてもらった。そしてアルバムリリース時の特集をはさんで、夏のタイミングでの無料ライブを実施し、公開収録も後日オンエアした。営業チームはアルバム購入者の抽選招待を絡ませ、会場は今後ツアーを担当するイベンターにおさえてもらう。単なるドラマ主題歌を背景とした東京発信の一押し新人としてのプッシュではなく、営業、宣伝、イベンターそしてメディア、ディーラーすべてが一体となった、平井堅プッシュ作戦だった。丁寧な全方位型のよく練りこまれた施策だった」

しかし、平井堅のデビューシングル『Precious Junk』は、オリコン最高50位と振るわず、その後にリリースしたプロダクツも数字的に厳しい日々が続くことになる。

そんな状況のなか、96年秋にTプロジェクトが設立され、大阪にいた藤原が異動し、吉田とタッグを組み、平井堅の制作担当と新人開発を任されることとなった。そして、大阪のSD（新人開発担当部署）と連携し、the brilliant greenを発掘することになる。

「SDのスタッフが京都のメトロというクラブの支配人からの紹介で彼らの音源を入手していた。全編英語詞でブリットポップのテイストや60年代サイケのにおいを感じた。当時、インディーズシーンでは英語詞を歌うロックバンドとして、Hi-STANDARDがものすごく存在感を発揮していたり、クラブサウンドを大胆に取り入れたＵＡの「情熱」がスマッシュヒットしたり、洋楽テイストのJ-POPのシーンが育ちつつあった。ソニーミュージックには、そういうエッジの立ったものが受け入れにくい土壌だったが、世の中的な流れがそっちに向いてる感じもあった。自分は渋谷生まれの渋谷育ちなのに、〝シブヤ系〟の音楽がなぜか自分と関係ないところで回っている（笑）だから自分なりの皮膚感覚で今に即した音楽を彼らと作ってみたいと思った。敬さんは〝ベタ〟なのが好きだから気に入らないかもなと思いながら資料を見せたら、ボーカルのトミー（川瀬智子）のビジュアルに反応し、〝いいじゃん〟ってなった」（藤原）

吉田の動きは早かった。当時専務でＴプロジェクトの後見人だった五藤宏を巻き込み、社内外の競合レーベルのオファーを遮り、研音にマネージメントをお願いすることになった。

研音、児玉は語る。

「ある日、敬から、良いアーティストがいると言うので、一緒に京都に会いに行くことになったんだよ」

京都駅近くの喫茶店で、吉田と児玉とメンバーとのミーティングがセットされた。入店するとギターの松井亮しか来ていない。リーダーの奥田俊作は大幅に遅刻するし、ボーカルのトミーは、斜めに構えてやる気があるのかないのか。藤原は脂汗をかいたが、そんな大手レコード会社や芸能事務所の重鎮など、何とも思ってない図太い感じが、逆に魅力に感じたのか吉田も児玉もそれを面白がったという。

まずは、彼らを東京のウィークリーマンションに寝泊まりさせて、レコーディングをスタートさせた。こうして、吉田が、藤原と組んでの最初の新人アーティストthe brilliant greenのプロジェクトがスタートする。

ここで、吉田が後に僕たちに語ってくれた、ヒットの法則〝椅子取りゲーム理論〟を紹介しよう。

マーケットは常に似たタイプのアーティストでのシェア争いが行われている。まるで、椅子取りゲームのように。そんな、マーケットが開拓され、確立したジャンルのアーティスト群に対し、似たようなアーティストをぶつけて、その席を狙っていく。

吉田は、エイベックスのELT（Every Little Thing）や小林武史プロデュースのMy Little Loverのような、女1男2のユニットの潮流の中に、the brilliant greenをぶつけようと考えた。そこに、藤原が彼らの強みとして考える洋楽テイストを加味したエッジ感を加え、そのマーケットの席を取りに行ったのだと思う。それがやがて実証されることになる。

藤原は続ける。

「平井堅がデビュー時全方位にプロモーションしたことに対して、the brilliant greenは、狭く深くコアなところを固めようと思った。Hi-STANDARDは英語だったし、フリッパーズギターのデビュー盤も英語だった。英語詞しか歌わないという部分で、他のソニーのアーティストとは全然違うところからスタートできると思った。ラジオは洋楽のかかるイメージがあるJ-WAVEや開局したばかりのInter FM、大阪の802などで曲がしっかりかかるように、重点的にプロモーションした。雑誌も『ROCKIN' ON JAPAN』と『BARFOUT!』に絞った。『ROCKIN' ON JAPAN』は当時の名物編集者の市川哲史さんにノッテもらってメインライターになってもらい、『BARFOUT!』は編集長に飛び込みでアポを取り、〝とにかくやってください!〟とアプローチした。CDショップも、タワーレコードとHMVを中心に拠点店を作り、フリーサンプラー(無料CD)を店頭配布した」

藤原は、その時『BARFOUT!』に掲載されていたイギリスのバンド、Blur(ブラー)のビジュアル戦略にインスピレーションを受け、そのデザインチームにジャケットの制作を頼んだ。本人写真を使わないイメージビジュアルで作られたジャケットは解像度の低いローファイな4枚の写真をコラージュしたもので、日本のクリエーターには出せない独特の雰囲気を醸し出し、アーティストブランディングの向上に貢献した。

吉田と藤原はデビューシングル『Bye Bye Mr. Mug』、セカンドシングル『goodbye and good luck』でしっかりアーティストの世界観を構築したあとは、ドラマ主題歌を獲得して一気にブレイクを目指すという青写真を描いていた。

当時、TBS編成部にいた高田から情報を得た吉田は、制作会社、木下プロダクションが手掛ける1998年4月クールの金曜ドラマ『ラブアゲイン』（主演：渡部篤郎）に注目する。ドラマを担当する女性プロデューサー西口典子が洋楽好きということが分かり、その頃ソニーミュージックで人気を博していたイギリスのバンド、オアシスの音源を持ってアプローチを始める。思惑通りオアシスの主題歌起用に乗り気になった西口。吉田と藤原はソニー洋楽チームとの間を取り持つ形でタイアップ話を進行させていくが、〝今度僕たちが手掛けるアーティストで洋楽テイストのこんなグループがいますよ〟とさりげなくthe brilliant greenのプレゼンも同時に始めていく。オアシスはリリースタイミングが合わず、ドラマのための書き下ろしも難しかった。なんとか本国にアルバム未収録音源の使用許可を得る段取りはつけることができたが、その点、the brilliant greenはドラマにあわせて書き下ろしができるのが強みである。そう吉田は力説した。

そして、今までは英語詞しか歌ってこなかったthe brilliant greenがドラマの主題歌というビッグチャンスが貰えるならば曲を書き下ろすし、日本語詞にトライしてみようという機運も生まれていたのも追い風になった。

「ファーストシングルで世の中を変えられると思ってたが、現実はそうはならなかった。ドラマ主題歌で勝負するなら強い曲にしなければダメだ。(作曲する)奥田君の心境はそうなってたし、トミーが日本語詞を書くモチベーションもがあがっていた。トミーが書く日本語詞は独特なセンスがあり、日本語を歌う彼女もすごく味があり、魅力にあふれていた」(藤原)

そして、最初にあがったデモテープが彼らのサードシングルとなる「There will be love there―愛のある場所―」だ。

デモを聴いた藤原は、これはいけると確信をもった。しかし、西口の反応は鈍かった。特にサビの盛り上がりが足りないと言われた。その打ち合わせに同席していた奥田俊作は、その場でギターを弾きながら修正リクエストに応えるべくトライするも、うまくいかず、持ち帰りとなった。

スタジオに戻った藤原は、プロデューサーである笹路正徳とメンバーと協議し、曲は修正しないという判断をした。西口は渋ったが、何とか説得して当初のままの形でレコーディングは進んでいった。そして奇跡が起きた。

「最初は主題歌オアシス、挿入歌the brilliant greenで話が進んでいました。ある日西口さんは、会社の上司に今回はオアシスの主題歌は諦めてほしいと言われたそうです。以前交流のあった事務所と関係を回復したい。今後キャスティングなどで優遇して貰える可能性があるので、今回はその事務所の推薦する楽曲を使ってほしい。その事務所というのが研音だったのです」（藤原）

かくして、オアシスの未発表曲「Don't Go Away」は挿入歌となり、主題歌がthe brilliant greenの「There will love there―愛のある場所―」になったという。

当時のドラマ主題歌は、今の主流であるエンディングでセリフのBGMとして流す形ではなく、しっかりとオープニングのタイトルバックを作り、そこで流れることも多かった。この『ラブアゲイン』はTBSのタイトルバックを撮るならこの人あり、と言われた名物ディレクターである松原弘志が手掛けた。この頃は本編の監督とは別にタイトルバック用のディレクションをするのに、映画監督やCMディレクターをその部分だけに起用するというケースが少なくなかった。結果、まるで楽曲のプロモーションビデオのような主題歌が突出して聞こえるタイトルバックとなった。その効果もあり、サードシングル『There will be love there―愛のある場所―』は大ヒット。アルバムはミリオンを達成。吉田は新人のアルバムを1枚目でミリオンを売るという快挙を成し遂げ、名実ともに、ヒットA&Rマンへと飛躍していく。

また、その頃のソニーミュージック内部でも、変革の風が吹き始めていた。丸山茂雄の社長就任である。ソニー・コンピューターエンタテインメントでプレイステーションの立ち上げに成功し、社長としてソニーミュージックに凱旋した丸山はthe brilliant greenのブレイクした1998年2月の就任以来、社内体制の変革を推し進めていた。

そんな中、丸山の発案で社内横断型プロジェクト「宣伝会議」がスタートする。その議長に抜擢されたのが、営業畑を歩み、レーベルヘッドや役員からの信頼も厚かった、一志順夫だ。ここで、吉田と同期の一志との初タッグが生まれることになる。

「宣伝会議」とは各レーベル、各アーティストで投下していたテレビスポットの予算を1か所に集約し、セントラルバイイング、バルク発注(まとめ買い)で代理店と向き合い、コスト効率の無駄をなくすというコンセプトで設立された。レーベルからすると、宣伝費の大部分であるテレビスポットの予算を召し上げられることになり、衝撃が走ったが、会社全体のプライオリティーアーティストに宣伝費を集中的に投下できるこのシステムは、新人アーティストをブレイクさせる上で効果が大きかった。

なお、このシステムはスポットだけでなく、番組自体を選定して、そのスポンサーになることも可能となったので、例えば『ミュージックステーション』に流れるCMの提供枠を毎週持ち、番組に出演するアーティストのスポットをタイミングよく投下するようなことも、よりフレキシブルに可能となっていったのだ。これが後に、主題歌を担当するアニメ番組の提供スポンサーになっていく流れにもつながっていったのだと思う。

そんな吉田と一志の同期コンビが画策した次の手は、その枠でインパクトあるＣＭを打つこと。従来型のレコード会社のテレビスポットはどうしてもミュージックビデオのサビ部分の切り出し、そこに告知テロップを入れる方式になってしまいがちであるが、そこからの脱却を目指した二人は、the brilliant greenのＣＭの演出を映画監督の岩井俊二にオファーすることを思いつく。

当時、新進気鋭の人気映画監督で音楽映画『スワロウテイル』（１９９６年）の大ヒットの記憶も新しい岩井にインパクト重視で好きなようにＣＭを作ってもらう。岩井の案は本人も出ない音楽もかからない極めて斬新なものだった。結果、このテレビスポットは大きな話題となりthe brilliant greenのブランディングに大いに貢献したのである。

藤原はthe brilliant greenの制作の傍ら、平井堅の巻き返しを図っていた。藤原が引き継いでリリースした最初のシングルではそれまでの制作体制を見直し、プロデューサーをたてることにした。しかし、人選には難航。実績のあるプロデューサーたちはなかなか引き受けてくれない。そんな時、彼の歌を評価するアーティストが一人だけいた。久保田利伸だった。かつて藤原は宣伝担当をしていたこともあり、プロデュースを依頼すると快く受けてくれて、ニューヨークでのレコーディングとなった。久保田はレコーディングの現場を平井に全て見せた。柿崎洋一郎とトラックを作る共同アレンジ作業に始まり、ボーカルディレクションでは実際に彼が歌ってみせたり、トップラインやフェイク、コーラスの積みを幾通りもトライしてみたり。アーティストがスタジオの全てを仕切って進行していく姿を見せてくれたという。こうしてレコーディングされた曲が97年7月に発売された6枚目のシングル「HEAT UP」。平井のデモの中から久保田がチョイスした楽曲だった。

それから1年、このレコーディングに大いに刺激を受けた平井堅は仲間や尊敬するミュージシャンを集め、セルフプロデュースで7枚目のシングル「Love Love Love」を制作。髪型を坊主にして臨んだ決意の作品だったが、思いとは裏腹にヒットには至らなかった。このシングルは、「There will be love there ―愛のある場所―」の2週間後にひっそりとリリースされた。

僕が吉田と出会ったのは、the brilliant greenのファーストアルバムが150万枚売れた直後だった。その成功をふまえた吉田は、次のターゲットを平井堅に定め、本格的に売り出しにかかる。

僕は、その頃、地方営業所を経て映像部門に配属され、宣伝部に異動してきたばかり。その宣伝部で各メディア担当の宣伝マンが心の一押しアーティストとして、平井堅を地道にプロモーションしている姿を目撃していた。スタッフにもメディアにもシンパが多かったが、ブレイクのきっかけはまだつかめていない様子だった。

最初に僕が吉田に抱いた印象は「なんか胡散臭いけど不思議な魅力のある人」。TUBE、the brilliant greenを売った人として、スマートな仕事人をイメージしていたが、人を寄せつけないオーラを放ちながらも、話すと朴訥で真面目さが滲み出てくる、そんなタイプに感じた。

僕がTBS担当を任命されると、さっそく深夜の情報番組『ワンダフル』でthe brilliant greenの新曲ミュージックビデオ撮影現場密着を仕込むように言われるが、テレビ担当になった僕としては、誰にどうアプローチしていいかわからない。とりあえず、担当といわれるプロデューサーにプロモーションをしてみるが、話を聞いてくれはするものの、一向に具体的に進まない。僕が苦しんでるのを見かねた、前任のTBS担当だった同期、山口伸也（現：Zeppホールネットワーク）が助け舟を出してくれた。

「ほとんど局にいないディレクターがほんとうのキーパーソンなんだ。その人を紹介するからアプローチしてみろ！」

何とか、そのディレクター荒木靖に辿り着き、深夜スタートで翌朝終わるという強行軍のミュージックビデオ撮影に密着し、無事オンエアすることができた。その仕事を何とかやり終えて、はじめて吉田が僕にまともに口を聞いてくれるようになったような気がする。今、思えばどのくらいできるか僕の力量を査定されていたのかもしれない。

「次は平井堅を売ります。朝、電車に乗って移動していたら、良いアイデアが降りてきた。それを必ず実現させてミリオン売ります」

年明け一発目の会議。吉田がこうプレゼンしたのを今でも鮮明に覚えている。確信に満ちたその自信あふれるプレゼンに正月ボケが吹っ飛んだ。吉田の戦略はこうだった。

前出の「椅子取りゲーム理論」でいくと、今回は〝宇多田ヒカルやMISIAなどが開拓したR&Bという席を取りに行くという狙いだ。しかし、〝男性の〟R&Bには、まだ誰も本格的に挑戦していなかった。確かに久保田利伸はその第一人者としてブレイクを果たしていたが、それはジャンルとして成熟しているというよりは、久保田利伸というアーティストの音楽性としてオンリーワンなものだと当時は受け止められていたのだ。

制作を担当する藤原は、本人楽曲に拘らず、広く楽曲コンペを実施し、何百曲というデモテープの中から「楽園」の原型となる楽曲を、今後の方向を示す曲として選んだ。〝男性R&B〟の担い手として、平井堅をあるメディアにプレゼンしたら鼻で笑われて、相手にされないこともあった。そんな中、平井堅の持っている武器はラジオでの応援体制だった。

東京では、当時J-WAVEを担当していた兒玉直子が周到に局全体を巻き込み応援体制を築きつつあった。

「藤原さんから平井堅の次のシングル候補として『楽園』を含めた2曲を提示され、当時のプロモーション会議でみんなで聴いた時、皆が『楽園』のよさに懐疑的だったのですが、洋楽を聴いて育ってきた私の耳には圧倒的な名曲でしかなく、であれば私の担当していた洋楽系の2局J-WAVEとInter FMで頑張るということになりました。女性R&Bが席巻する中で、次は男性R&Bの時代がやってくる事を信じてプロモーションを始めました」(兒玉)

そして、吉田が注目したのは、自身がレギュラーを務めたことのある2つのFM局、北海道のAir-G'と北九州のCROSS FMだった。この2局でのパワープレイを背景に、その北海道と九州(厳密には福岡地区)でしか流れない、いや、あえて流さないCMを作る。

そのCMの内容は、人気女優、江角マキコが平井堅の曲をヘッドフォンをしながら口ずさむというもの。北と南で火を付けて、その現象を全国に波及させていくというものだった。江角マキコの出演は、吉田と（江角マキコが当時所属していた）研音との関係値もあり、内諾は得ていた。

一瞬、荒唐無稽に思えたが、吉田の言ったとおりにやれば、話題になることは確信できた。そして、この現象を『ワンダフル』に仕込めという。これが、吉田から僕が受けた最初の重要ミッションだったように思う。『ワンダフル』のキーパーソンである例のディレクター荒木とは、the brilliant green の撮影密着を長時間、翌朝まで行ったことにより、距離が縮まり、人間関係も出来つつあった。その荒木とアポイントを取り、吉田にも藤原にも手伝ってもらって〝勝負〟のプレゼンをした。

荒木から一言。

「説得力と素材が足りませんね。平井堅がなぜ凄いか先輩アーティストのコメントを撮らせてください。そして、北と南なら北海道と沖縄が良い。平井堅は北海道で、沖縄からも別な新人がいるとよいですね」

僕は何も言い返せなかった。しかし、吉田はこの『ワンダフル』での特集に期することがあったのだと思う。久保田利伸とＴＵＢＥ前田亘輝の推薦コメントを用意してくれた。２大アーティストが1新人のためにテレビで推薦コメントを語ってくれる、極めて異例のことだった。吉田の実行力と2アーティストとの信頼関係の強さを物語るエピソードである。

藤原は、沖縄にMONGOL800という生きのいい新人がいることを調べてくれた。僕は、その荒木と北海道と沖縄に飛び、平井堅となぜか所属でも知り合いでもないMONGOL800の取材までセッティングし、同行した。『ワンダフル』での平井堅特集は、ディレクターのリクエストに真摯に応えることで、より説得力あるものになったと思う。

こうして、平井堅のマーケティング戦略は見事に的中し、無名の新人を後押しする江角マキコのＣＭ映像とともに、スポーツ紙や他の情報番組でも取り上げられ、人気は全国区となった。

ここでちょっと脱線すると、スポーツ紙にネタを仕込んで芸能欄で大きく掲載し、その情報を地上波テレビのワイドショーや情報番組のコーナーで映像と共に取り上げてもらう。芸能事務所によるスポーツ紙、ワイドショー対策からレコード会社が主体となったプロモーションとしての情報出しへ。その手法を最初に実践したのは、吉田だったと言われている。僕がテレビ担当に配属されたときには、確かにその動きは〝当たり前〟ではなかったように思う。吉田から、あまりにも執拗にチェックされるので、いつの間にか当たり前の動きとして僕の中では定着していったが、他のA＆Rからプレッシャーをかけられることもなかったし、どう動いて良いか他の局担が戸惑っている姿も散見された。もしこれが事実だとしたら、テレビプロモーションにおける〝発明〟だ。気が付くと各社のテレビプロモーションは歌番組へのブッキングの時代から、どうワイドショーでネタを露出するかに力の入れ方がシフトしていき、それが〝当たり前〟になっていった。

『楽園』はロングヒットし、売上は50万枚を超えた。次のシングル「why」からプロデューサーに松尾潔を迎え、男性R＆Bシンガーとしての色を確立させ、収録アルバム『THE CHANGING SAME』はミリオンを突破した。Tプロジェクト発足後、TUBEでミリオンを達成し、新人アーティストのミリオンを2連続で実現させたのである。これはとてつもない快挙だった。

この頃、自分の中の吉田の印象は、「〝胡散臭い人〟から〝有言実行の頼れる先輩〟」へと変化していた。

一方、TUBEは、1999年から2000年にかけて、15周年と2000年6月1日に実施するハワイアロハスタジアムで行われるライブに向かって、怒涛のスケジュールを歩むことになる。19枚目のアルバムとなる『Blue Reef』（6月21日発売）の先行シングル「ひまわり」は例年より1ヵ月早い4月21日発売。8月4日にABC『熱闘甲子園』オープニングテーマ「Yheei!」がリリースされ、C/W曲はJALハワイキャンペーンCMソング。そして10月20日にシングル「IN MY DREAM」（映画『サラリーマン金太郎』主題歌）を経て、翌2000年4月にシングル『Truth of Time』。5月にベストアルバム「TUBEst III」がリリースされ、いよいよアロハスタジアムのライブに突入していく。

この期間、僕はTUBEの新曲で吉田のタイアップ獲得の実力を思い知らされることになる。当時、TBSの人気バラエティ番組『ウンナンのホントコ』の人気コーナー、「未来日記」から大ヒット曲が連続して生まれていた。第3・4弾のテーマソングに選ばれた「TSUNAMI／サザンオールスターズ」が200万枚を越え、第5弾「桜坂／福山雅治」も同じく200万枚を越え、その年の年間1位、2位の大ヒットシングルとなっていた。バラエティ番組からのヒットソングは、それこそ『電波少年』以来の快挙ともいえた。それを吉田が見逃すはずはない。

しかし、TBS担当の僕としては、前年ブレイクしていたHysteric Blueでこの枠を狙いにいっていたのだ。僕はセオリー通りに番組のプロデューサーの元に日参しＴＢＳ傘下の音楽出版社でタイアップをコーディネートする日音とも共同で動いていた。しかし、この社内ガチンコ対決を制したのは吉田だった。後で聞いた話だが、吉田はこの枠のキーパーソンをウッチャンナンチャンのマネージメント、マセキ芸能社であると見抜き、マネージャーの田村正裕にアプローチしていたのだ。僕は敗北感に包まれ、悔しい思いもしたが、吉田流タイアップ獲得術の片鱗を見る思いがして、逆にさらなる敬意を抱くようになったのかもしれない。

「未来日記」第6弾のテーマソングは、ＴＵＢＥの「虹になりたい」に決定した。そして、そのリリースの前に、ＴＵＢＥの15周年を飾る、ハワイアロハスタジアムでのライブが開催された。

僕や山口は、ソニーレコーズのスタッフとして、ハワイに乗り込みアロハスタジアムライブを実施・運営する現場仕事を行っていた。現地には多数の媒体を招待し、この歴史的イベントの模様を取材してもらっていた。全国のラジオ局のプロデューサーとパーソナリティーを呼んで、特番の収録を行う。それに加え、ＴＢＳ『ワンダフル』の密着取材のアテンドで荒木を始めとする撮影クルーとレポーターであるワンギャルに随行しフォロー。オフィシャル映像は地元のテレビ局に素材を持ち込み、電送で日本のテレビ局に映像を送信する。空港からホテル、ホテルからスタジアムまでのバスのチャーター。食事場所の手配、アテンドなど、タイトな行程をＴＵＢＥの所属事務所であるぐあんばーるのスタッフと連携しながらことにあたった。全行程終了後、媒体を送り出した後、ホノルル空港の仮眠室で自分の便の出発までの間、疲れ果てて、泥のように眠ったことを思い出す。

そんな中、吉田は将来を見据えた別な動きをしていた。五藤専務もハワイを訪れアロハスタジアムを観戦したが、その夜、吉田は社内独立を画策し、五藤に直談判したのではないか、そんな想像が僕の脳裏に浮かぶ。現場仕事でへとへとになった僕の目に五藤と険悪な雰囲気でたたずむ、吉田と、翌日晴れやかな表情をみせ、妙に機嫌のよい笑顔の吉田のギャップが気になったのだ。ことの真偽はさておき、アロハスタジアムから約1ヵ月後の発令でデフスターレコーズが誕生したのだ。僕は目を疑った。発令の名前にプロモーションチーフとして自分の名前が載っていたのだ。

デフスターレコーズの誕生により、平井堅やthe brilliant greenはデフスターに移ったが、ＴＵＢＥはソニーレコーズに残ることとなった。吉田がいなくなってもＴプロジェクトの名称は残ったので、そこで組織的にはＴプロジェクトのＴが何を示したかの結論は出たのかもしれない。見方を変えれば、敬（たかし）のＴプロジェクトは終わり、本当の敬（たかし）プロジェクトがデフスターに引き継がれたともいえる。ぐあんばーる菅原と吉田との関係はそこで一旦ピリオドとなったが、接点はその後も断続的に続くことになる。

第6章

デフスター誕生

2000年7月、ソニーミュージック内の分社化レーベル第1号として誕生したデフスターレコーズ。吉田を筆頭にA&Rチーフを藤原、プロモーションチーフを僕が務め、レーベル運営における吉田のサポート役を大堀正典（現：トイズファクトリー専務執行役員）が担う体制でスタートすることとなった。総勢8名平均年齢32歳の若いレーベルだった。

吉田は、デフスターでどんな組織作りを目指したのだろうか。

創立時にA&Rチーフを務めた藤原がデフスター誕生にあたって、そのスタッフの人選について語ってくれた。

「デフスターの創立メンバーは、Tプロジェクトからの流れと、平井堅のプロモーションを頑張ったメンバーからピックアップされたと聞いている。敬さんは、自分にないものを持っている人材を分け隔てなくチョイスした。気が合う人間はプライベートでの付き合いに限定して、選んだメンバーは仕事への誠実な態度と将来性で判断した」

他の創立メンバーは、以下の通りである。

■大堀正典

「僕は紙媒体担当のプロモーターとして、敬さんと出会った。その時、僕が担当していた『東京ウォーカー』が大好物で、取材が取れたかを始終チェックされる日々だった」

大堀は実務能力の高い官僚タイプだが、冷徹に見えて本当は人情派。

中途採用で保険会社からソニーミュージックに転職し、営業部を経て宣伝に異動。プロモーター時代に吉田と出会い、Tプロジェクトにthe brilliant greenのアー担（宣伝戦略担当）として参加。1stアルバム『the brilliant green』（1998年）はミリオンを達成した。

■兒玉直子

新卒でソニーミュージックに入社後、洋楽畑を歩み、ニュー・キッズ・オン・ザ・ブロックをブレイクに導いた才女。邦楽に異動後、雑誌媒体のチーフをつとめつつ、J-WAVEを担当し、平井堅ブレイクの種をまいた。洋楽経験を活かしたアーティストブランディングが得意なのを買われて、デフスターでは平井堅のアーティスト担当に就任した。

■山本真理

「なぜ、敬さんが面識の無い私を選んだのか。前部署の上司の内田さんから内示があった時はとまどいました。今思えば、かなり猪突猛進型のプロモーターだったので、内田さんからフジテレビ担当を引き継いだ時に、歌番組だけでなく、バラエティやモノマネ番組など、制作のほぼ全スタッフと名刺交換した話を、どこかから聞きつけられたからかもしれないです」

デフスターで数々のスーパーブッキングを成功させることになる彼女は、新卒でソニーミュージックに入社、営業部時代はＴＵＢＥ『Bravo!』のディスプレイコンテストで優勝。その後、ソニーミュージック内でフジテレビと吉本興業に強い影響力を持っていたレジェンド社員、内田久喜の部署でフジテレビ担当として、その人脈を引き継ぎ活躍。この頃には社内随一のテレビプロモーターとして評判だったのを吉田が聞きつけて、引き抜いたんだと思う。

■平井拓

「敬さんの印象は正直〝怖い人〟でした。業務に関して細かいお小言を言われた覚えはありませんが、時々ぼそっと呟くように頂く一言は、その後、頭からなかなか離れない程の重みがありました。それだけに満面の笑みで〝良い曲出来たな〟と声を掛けてくれた時の喜びはひとしおでした」

デフスターに来る前のソニーレコードではHysteric BlueのアシスタントA&Rや宣伝部で媒体プロモーションを経験していた平井は、レーベル設立時には、藤原のアシスタントA&Rとして平井堅、Tommy february[6]などを担当。後にYeLLOW Generationを担当し、プロデューサーのおちまさとが書いた詞ありきのコンペで楽曲を多角的に集め、「北風と太陽」などのヒット曲の制作現場を仕切ることになる。

■大塚文乃

吉田と2回目の再会だ。大塚は既にこの時、ソニーミュージックを離れていたが、吉田から突然連絡が来て、業務委託の雑誌担当プロモーターとして呼び戻されたのである。後にマネージメント部門、ダブルスター（研音とデフスターの合弁会社）設立時には社長に就任した。

こうして総勢8名でのスタートとなった。

規律よりも個性、行動力重視。

デフスターには、個性的でユニークなキャラクターが揃っていた。1970年代に大ヒットしたアメリカ映画になぞらえて、チームを「がんばれ!ベアーズ」だとよく言っていたことを思い出す。

藤原は当時のソニーミュージックの状況を振り返りながら、新レーベル創立の狙いについての見解を語る。

「あの時のソニーミュージックは、スター社員といわれる人材がどんどん他社に流出する状態だった。敬さんの先輩たちも、どんどん他社に動いた。それが当たり前の時代、業界だったのかもしれませんし、会社の求心力が低下していましたね。そこで若手社員の引き留めと抜擢という意味合いで、デフスターができたんじゃないかな」

レーベル名の〝デフスター〟は、吉田と藤原の合作だ。

「敬さんが、最初は〝スーパープロデューサーズ〟にしたいと言ったので、大反対した記憶がある(笑)。その次に〝~スター〟にこだわっていた。僕が50個ぐらいアイデアを出して、〝デフ

スター〟に着地した」（藤原）

「決してセンスの人ではない。どこか〝ベタ〟というか〝いなたい〟ところがあった。でも、それがユーザー目線でミリオンを連発できたともいえる」（大堀）

大堀はレーベル創立当初、社内のあるプロジェクトのレーベル窓口となる。テレビ東京系でオンエアされていたオーディション番組『ASAYAN』で新たに始める男子ボーカリストオーディションである。

『ASAYAN』は、テレビ東京と吉本興業と電通で制作された1990年代を代表するオーディション番組である。すでに、モーニング娘。を世に出した番組として人気は定着していたが、男性ボーカリストオーディションが始まった当初は視聴者からの反応も乏しく、テコ入れが必要だった。当時番組担当だった電通の吉崎圭一は、ソニーミュージックの一志順夫に相談を持ちかける。そこで、二人で出した結論は「オーディションを盛り上げるにはプロデューサーの存在が必要不可欠。小室哲哉、つんく（現：つんく♂）に匹敵するプロデューサーが必要」だった。一志は、洋楽時代に親交があり、ラジオでパーソナリティーを務めるなど表に出る仕事もこなせるプロデューサーとして松尾潔に注目。松尾が手掛ける平井堅が見事男性R＆

Bシンガーとしてのブランディングを成功させた事例をあげながら、番組プロデューサーを説得した。

一志は各レーベルの会議に出席し、企画を熱心に説明した。しかしどこのレーベルも〝ASAYAN＝モーニング娘。〟の印象が強烈だったので、〝男版モーニング娘。〟のような男性アイドルを手掛けるのではないかと解釈され、反応が薄かったという。その中で、唯一手を挙げるレーベルが吉田率いるデフスターレコーズだった。

「同期の吉田だけが手を挙げてくれました」（一志）

吉田は、その窓口を大堀に託したのである。

「どのレーベルも見向きもしなかった時代から、レーベルの窓口として（『ASAYAN』の）オーディションに参加した。松尾潔さんがプロデューサーとして参加してから流れが変わった」（大堀）

松尾潔が掲げたコンセプトは男性R＆Bデュオ。平井堅が男性ソロとして成功した次はデュオであるとオーディションの方向性を明確化していった。番組の中で、参加メンバーの個性や背景が明らかになってくるたびに、視聴者からの反響が目に見えてわかるようになってきた。そして、川畑要・堂珍嘉邦が選ばれ、松尾潔から「CHEMISTRY」と名付けられる。

ここで、CHEMISTRYの二人にも、吉田について話を聞いてみよう。デフスターの新しさ、若さ、勢いをまさに投影、象徴したアーティストがCHEMISTRYだったと思う。

「当時のことはあまり覚えてないかもしれないですね。怒涛すぎて、何が何だか…っていう印象の方が強いですね」

川畑要は僕にそうつぶやいた。

中低音のふくよかさが特徴の川畑要と抜けのいい高音が魅力の堂珍嘉邦。声の特性が違う二人の歌声とハーモニーが結びつき、まさに化学反応(Chemistry)を起こす。彼らの衝撃的な登場は「楽器を持たないR&Bデュオ」という今までありそうでなかったジャンルを切り開いた。デビュー20周年を超えた今も、YouTubeチャンネル「THE FIRST TAKE」にて公開された一発撮りライブパフォーマンス映像は1000万回再生を記録(2023年6月時点)するなど、彼らの歌声は現在進行形で多くの人の心を震わせている。

「僕らが参加したのは大阪で行われた最初のオーディション（1999年8月）。それから半年以上番組から連絡が来なかったんですよね。僕は仕事を辞めてオーディションに参加していたので、再度建築現場の仕事に戻ってアルバイトをしながら、毎週日曜日の放送を観ていました。でも、オーディションのライバルたちはどんどん増えていくばかりで。いつ決まるんだろうと思いながら過ごしていましたね」（川畑）

なかなか進まないオーディションスケジュール。そんな中、堂珍に最初に寄り添ってくれたのが、『ASAYAN』のスタッフだったという。

「オーディション中は番組の方がマネージャーさんの代わりをしてくださっていました。僕は番組のスタッフさんたちにまずは愛着がわいていました」（堂珍）

オーディションが進むにつれて、ソニーミュージックのスタッフも『ASAYAN』のスタッフに混ざり、オーディション会場やロケ現場を訪れるようになっていく。

「松尾潔さんがプロデューサーとして参加することが決まった頃、デビューするレーベルがソニーミュージックだということが分かって。さらにソニーミュージックの人たちが審査員だったことも『ASAYAN』のスタッフに後から聞いてびっくりしました」（川畑）

「いろいろなスタッフの人たちの存在を意識し始めたのは、オーディションメンバーが最後の5人くらいになったあたりからですかね。その中で一番目立っていたのが松尾さんと一志さんでした」（堂珍）

吉田とのファーストコンタクトは、彼らがオーディションを勝ち抜き、CHEMISTRYとしてメジャーデビューが決まった後だった。

「無愛想というか、〝業界の人ってこういう感じなんだろうな〟というイメージがすごく強かったです」（川畑）

「当時マネージメントのヘッドだった西岡さん（現：ニューカム 西岡明芳）は、物腰が柔らかくギャグを飛ばして場をなごませるような印象でしたけど、敬さんは、色のついた眼鏡をかけていて、真面目というか、ギャグを言うような雰囲気ではなかったですね」（堂珍）

テレビ番組とのタイアップで数々のヒット曲を生んできた吉田は、その〝光と影〟をよく知っていた。だからこそ、テレビのオーディション番組出身ですでに世間から大きな注目を集めていたCHEMISTRYの様子を慎重に見極めていたのだと思う。

そんな中、まずは、兒玉がJ-WAVEで突破口を開く。夕方の看板番組『GROOVE LINE』(DJ：ピストン西沢)にデビュー前のCHEMISTRYをブッキング。当時HMV渋谷で公開収録を行っていた同番組に多数のファンが駆けつけ、ラジオ関係者に相当なインパクトを残した。人気だけでなく楽曲のクオリティーも評価され、平井堅の「楽園」をバックアップした同局のお墨付きを得たことは今後のアーティストプロモーションに弾みをつけた。また、同時に名古屋のエリアプロモーターに転勤となっていた同期の山口がZIP-FMでのオンエアの確約を取りつけていた。第2FM系列であるJ-WAVEやZIP-FMがオンエアしたことで、全国FMでのCHEMISTRY楽曲の大量オンエアにつながっていった。

オーディションからの流れで大堀がCHEMISTRYの初代A&Rをつとめ、デビューシングル「PIECES OF A DREAM」が発売し、スマッシュヒットを飾ると、社内の雲行きが一変した。

「同期の二人の間で密約があったんじゃないかと揶揄されました。僕は公平に(各レーベルに)

案内したのに聞く耳をもたなかった。売れてはじめて、そんな話聞いてないと文句をつけてくるのです。これには閉口しましたよ」（一志）

CHEMISTRYの快進撃で、レーベルとしてのデフスターはさらに注目の的となった。

吉田は、その後彼らのデビューシングル『PIECES OF A DREAM』のリリースイベントが行われる福岡・キャナルシティ博多を訪れた。

福岡でエリア担当の宣伝マンをやっていたことのある吉田は、何度もこの地で新人のイベントライブを観た経験があった。その吉田が絶句するほど大人数のファンがイベント会場に殺到。数だけでなくその熱量が凄かったと当時語っていたことを思い出す。

「福岡のイベントが凄かったという記憶はたしかに強く残っていますね。そこで敬さんは僕らのことを〝一発屋じゃない〟と思ってくれたのかな」（川畑）

「なぜか実家にそのイベントの様子を撮影したVHSのテープがあります」（堂珍）

吉田に強烈なインパクトを残した福岡でのイベント。そして彼らのパフォーマンス。レーベル内では、2ndシングルに向けてレーベルのスタッフィングを再構築し、本格的に仕掛けていく体制づくりに着手する。

レーベルがスタートして半年、2001年1月には正式に分社化され、吉田は株式会社デフスターレコーズの初代社長に就任した。そしてその直後のCHEMISTRYのデビュー。そんな、ファーストシングルのリリース直後の人事異動で、営業本部から大谷英彦がデフスターにA&Rとして加入することになる。大谷は営業のエース的存在だったので社内に衝撃が走った。吉田がTプロジェクト時代に手掛けたTUBEの17枚目のアルバム『Bravo!』の営業販売推進担当として吉田とタッグを組み、ミリオンを達成するなど、営業側のスタッフとしてヒットに貢献し、直前まではその実力を買われてディストリビューション担当として社外のレーベルを担当し、KinKI Kids（ジャニーズエンタテインメント）やモーニング娘。（Zetima）を担当していた。

大谷はデフスターの誕生を営業サイドから、こうながめていたという。

「僕ら（営業部）的には敬さんの抜擢は納得の人事だった。自らヒットを作るということで、他の制作部とは違う何かを僕らも感じていた。新しいことが始まるぞと思った」

そんな大谷を営業本部から引き抜き、デビューシングルがリリースされた直後のCHEMISTRYのA&Rに抜擢するという、吉田特有のサプライズ人事となったのだ。

「ソニーミュージック全体の営業のキックオフ(新しい期がスタートする決起集会)の時に、各レーベルが流したプレゼンビデオでデフスターは自分達をゲリラ軍団だと宣言していた。ゲリラ軍団に参加したのか!?と驚いた」(大谷)

担当を譲ることになる大堀が語る。

「デビューシングル『PIECES OF A DREAM』が大成功を収め、アルバムまでは担当したかったと正直思ったが、今では担当変更の判断が正しいと思っている」

「パーフェクトピッチングをしている投手に(絶対的な勝利のために)リリーフを出す落合博満監督ようなものだよね」(藤原)

大堀は、それ以降、レーベルアドミニストレーションとして吉田のレーベル運営をサポートする。売上目標の立案から達成の推移、予算の管理、P/L(損益計算書)の作成、契約条件の策定など、デフスターの快進撃を陰で支えた立役者だ。大堀のポジションは、分社化した他のレーベルでも必要不可欠な雛型として機能することになる。

吉田の人事術は、言うならば「非情の采配」に徹していたと思う。その采配は、新たな仕事を生み、組織の活性をもたらしていくのだ。

大谷は「非情の采配」という言葉を聞いて、自身にも思い当たる節があると話す。

「僕も何度もその局面を味わった。納得できずに抵抗してギクシャクしたことが何度もある」

吉田は、自らの意向を上から押さえつけるようなことはしない。よく部下の話を聞いてくれた。反面、摩擦も多かった。

こうして、A&Rは平井堅、the brilliant greenを担当する藤原チームとCHEMISTRYを担当する大谷チームの2班体制になった。大谷の加入をもって、スタッフの陣容が揃い、一気にレーベルが軌道に乗り出した。

大谷はここである資料を取り出した。当時のレーベル会議のものだ。レーベルの場所は、当時白金台にあったソニーミュージックの第2本社ビルを経て、ほどなくできたばかりの乃木坂ビルへ引っ越しすることとなる。

「この資料も今いま見ると、ロータスノーツ（当時主流だったパソコン用の文書共有ツール）ですか……（笑）。食堂でよく会議をやってたよね。会議室じゃなくて。それが斬新に思えた。それと、みんな気迫に満ちていた。アーティスト数が少なかったし、一球入魂というか、1アーティストごと丁寧に真剣に向き合っていた。鮮烈に覚えているね」

吉田時代のアーティストロースターは、the brilliant green、平井 堅、CHEMISTRY、キングギドラ、Sowelu、YeLLOW Generation、NORTHERN BRIGHTの計7組。どのアーティストも時代に爪痕を残すことができたと僕らは自負している。

さらに、大谷が取り出したもう1枚の資料。吉田からのメールをプリントアウトしたものだ。

「デフスターに赴任して1週間後、CHEMISTRYの担当になった直後に来た敬さんからのメールです。〝そろそろアイデアをつめなきゃいけませんね〟っていう。この時の緊張感と焦りをめちゃくちゃ覚えてて。レーベル業務やA&Rの勉強をする間もなくいきなり指令されたんです。そのあと自分がレーベルを任されるようになってからも、折に触れ何度も見返して。その緊張感を思い出すようにしていました」（大谷）

藤原も、その時の大谷の様子を思い出す。

「ものすごいパワーを感じましたね。やらなきゃいけないという。目の色が変わってた」

吉田は「即断即決の人だった」と大谷は振り返る。

CHEMISTRYのデビューシングル『PIECES OF A DREAM』は、われわれの期待値を遥かに超えて、ロングヒット。そして、デビュータイミング以来2回目の『ミュージックステーション』(テレビ朝日系)への出演が決まる。

「2回目の『Mステ』のタイミングで追加のTVスポットを打つべきだと敬さんに直訴した。何か言われるのかなと思ったが、すぐ実行に移してくれた。線引きの内容は細かくチェックされたが、それ以外は何も言われなかった」(大谷)

2回目のMステは、テレビ担当の山本真理が、粘り強く動いて実現させたスーパーブッキングだった。

「『PIECES OF A DREAM』がヒットし曲が浸透してきたタイミングで、CHEMISTRYのよりアーティスティックな魅力を伝えようと、2回目はカラオケでの歌唱ではなくアコースティック編成での新たなヴァージョンで、2人のハーモニーと生声の素晴らしさを伝える演出を考えてもらいました」(山本)

『PIECES OF A DREAM』はロングヒットし、ミリオンを達成、レーベルスタッフはA＆Rチーフを務める大谷英彦を筆頭とした新しい体制が確立され、2ndシングル『Point of No Return』（2001年6月）のリリースに臨む。新曲の発表会は完成したばかりの乃木坂ソニー・ミュージックスタジオにメディア関係者を招いて行われた。

スタジオライブでのパフォーマンスにさらなる手応えを感じた吉田は、15秒のテレビスポットでの楽曲の使いどころに強いこだわりを示した。〈夏草が〜〉の歌詞で始まる冒頭部分と、〈きっと永遠なんて言葉は〜〉の大サビ部分の使いどころを何度も繰り返し聴いて検証し、冒頭部分をチョイスするように指示した姿を思い出す。

CHEMISTRYの快進撃は続いたが、一方、彼らに寄り添って支えるマネージメントスタッフがなかなか安定せず、彼らから見えるコアスタッフの風景は変化し続けた。

「チームのメンバーの変化はいい部分もあればリセットされすぎてしまうところもある。一から関係を構築していくことでいい方向に転んだパターンも、転ばなかったパターンもあったのかなと。どれも正解だとは思うんですけど」（川畑）

「僕は担当してくださる人に対してやっぱり愛着というか、愛情みたいなものが毎回あった。だから、担当を外れると聞くのは結構寂しかったです」(堂珍)

「最初はマネージメントスタッフとレーベルスタッフの違いが分からなかった。A&Rもマネージャーもレコーディングに立ち会ってくれて、話す時間も多かった。同じ時間を過ごすということでいえば一緒だと思っていた」(川畑)

「A&Rとマネージャーの違いは、アーティストへの密着度なんだと思いますね。マネージメントは一番近い存在だし、レーベルはCDを売るための人だと捉えていました」(堂珍)

そんな2人は、プロモーション稼働を通してレーベルスタッフと親交を深めていく。特に地方キャンペーンでの印象が強く残っているという。

「地方キャンペーンで、稼働の際に同行してくれるレーベルのプロモーターの方々の印象が強く残っていて。デフスターは特に個性的な人たちが多かったので、みなさんキャラクターで採用されたんじゃないかと思ってしまうほどでした」(堂珍)

彼らが言うように、吉田の方針で、デフスターのエリアプロモーターたちは個性豊かだったし、とにかく若かった。近い世代で一緒に時を過ごしながら親交を深めていったのだろうと思う。当時印象的だったのは、名古屋の現地採用の若手プロモーターのアイデアでデパートの催事場に「ケミストリー神社」を建立し、「ケミス鳥居（とりい）」を作ったことだ。川畑と堂珍が面白がって鳥居の前で撮影した写真がスポーツ紙のアタマ（芸能欄で一番大きく掲載）になり、全国ネットのテレビの情報番組で取り上げられたこともあった。

吉田は常にエリア会議に出席し、自ら若手を鼓舞した。吉田自身も福岡のエリアプロモーターを経験し、そこで自由な発想で宣伝のアイデアを具体化していったことが、次のステップに繋がっていった。かつての吉田のように、若いレーベルスタッフたちがCHEMISTRYというアーティストとともに、成功体験を重ねていく風景がデフスターの推進力になっていったのだと思う。

サードシングル『You Go Your Way』（2001年10月）、ファーストアルバム『The Way We Are』（2001年11月）がリリースされアルバムはトリプルミリオンを達成、年末には『NHK紅白歌合戦』に初出場。怒涛の日々は続いたが、この頃にはレーベルスタッフに続き、マネージメントスタッフも定着する。コアスタッフが安定し、CHEMISTRYの中にも「今後自分たちはこうしていきたい」というような思いが募っていったのだろう。

そんなある日、CHEMISTRYのほうから、スタッフを招集し、今後自分たちがどうしていきたいかを伝える会議が催されたという。

「やっぱり何か変わろうというか、成長しようとしていたのか……お互い熱い気持ちをもっていたので、とにかく納得いくまでやり合いましたね」(川畑)

「熱い気持ちを持っているという意味ではいいんですけど、その分衝突してしまうという紙一重な部分がありました」(堂珍)

彼らがスタッフを良い兄貴分として何でも言い合える環境はプロジェクトの風通しを良くしたのだと思う。セカンドアルバム『Second to None』(2003年1月)に向けて、CHEMISTRYのプロジェクトはさらに活性化していった。マネージメントチームの安定は、彼らが、ライブアーティストとして土台を築く流れとシンクロした。ライブハウスツアーからスタートし、ワンステップずつ、しっかりホールコンサートを重ねていく。舞台監督を務めた本間律子によるライブ演出も、より彼らのアーティスト性を際立たせていく。

そんな中、リリースされた5枚目のシングル『FLOATIN'』(2002年7月)の表題曲は、シングル初のアップテンポナンバー。ミドルテンポからバラードのイメージが強いCHEMISTRYが楽曲の幅をみせる絶好の機会だった。僕らレーベルサイドは、この楽曲をあえてノンタイアップで勝負することにこだわった。どこまでアーティストに地力がついたか、そして僕らのマンパワーでどこまでこの楽曲をメディア露出することができるか、特にラジオのオンエア回数にこだわってプロモーションした。結果、4作目のオリコンシングルチャート1位を獲得。今では、彼らのライブを盛り上げるのに欠かせない定番曲の一つとなっている。

当時、僕らは30代前半だった。そんな僕らに制作と宣伝を自由に任せてくれた吉田だが、要所要所でのプレッシャーのかけ方もハンパではなかった。しかし、僕らもそれに応える若さとパワーがあったのだと思う。僕がそれを強く感じたのは、平井 堅「大きな古時計」(2002年シングル)の時だ。

藤原は語る。

「ブレイクした後の平井 堅は、〝ヒットを狙う〟勝負シングルと〝新しい一面をみせる〟挑戦する楽曲を交互にリリースしていた。『大きな古時計』は新たな挑戦のつもりだったが、社内の他セクションの人間からは、疑問の声もあがっていた」

きっかけは、アルバム『gaining through losing』（2001年）のリリースタイミングのプロモーションでTVの音楽特番への出演を仕込もうという話からだ。切り口が必要だった。

平井堅のデビュー当時、札幌のイベントライブで「大きな古時計」を披露したというエピソードから、吉田に閃くものがあったのか。プレッシャーの矛先は僕に向かう。「NHKで（特番を）仕込め」と言うのだ。

平井堅のブレイクのきっかけを作ったTBS深夜バラエティ番組『ワンダフル』のディレクター荒木靖も巻きこみ、普段からお世話になっていたNHKの音楽番組『ポップジャム』チームのデスクだった福田雅之、ディレクターの柴崎哲也と企画を練った。そして、実際に歌のモデルになった古時計が、アメリカ、マサチューセッツ州にあるということがわかる。僕は、かつての吉田のように、本人、スタッフとニューヨークを経由して現地に向かった。

それが、2001年にNHKで放送された「『平井堅 楽園の彼方に～アメリカ・大きな古時計を探して～』である。

番組は大反響に終わり、アルバムも2作連続ミリオンを達成した。しかし、吉田はそれで満足せず、僕に次の課題を与えた。なんと次は「大きな古時計」のタイアップをNHKに行って取ってこいと言う。容赦なかった。苦し紛れに『おかあさんといっしょ』に飛び込み営業するも、「うたのおにいさんでもやってくれるんですか?」と言われる始末。

もがきながら辿り着いたのは『みんなのうた』だった。こうして、2002年8月・9月度のNHK『みんなのうた』に選ばれ、大義名分を得た吉田は、自ら事務所と交渉し、シングルリリースを決める。

平井堅『大きな古時計』は、キャリア初のオリコンシングルチャート1位を獲得。さらに、大きな話題を呼ぶことになる。

吉田のレーベル運営術。プレッシャーはかけるけど、骨は拾ってくれる。

だから、僕らは一生懸命になれた。そして、吉田自身が売るための、売れるためのプラスアルファを自ら動いて獲得してくれた。それが、何よりも僕らには心強かった。

藤原は言う。

「トミー(the brilliant greenのボーカル・川瀬智子のソロプロジェクト、Tommy february[6])の時も、状況が整ってきたら、自ら動いてタイアップを取ってきてくれた」

すでにダイハツのCMで流れていた、フランキー・ヴァリ「君の瞳に恋してる」の80年代風カバーをトミーの音源に差し替えたのだ。

「ダイハツの宣伝部に同級生がいて直接のパイプを持っていた。代理店をとばして直接交渉し差し替えた。敬さんにしかできない芸当」(大堀)

「『同じユーロビートだから、すぐできるだろ』と無茶ぶりされて、CMとテンポを合わせてレコーディング。出来上がっていたアルバムに急遽追加収録した」(藤原)

このアルバム『Tommy february[6]』は、2002年2月6日に発売され70万枚を出荷。オリコンアルバムチャート1位を獲得した。

トミーを皮切りに2002年も快進撃は続く。

■Voices of KOREA/JAPAN『Let's Get Together Now』

日韓同時開催のFIFAワールドカップのオフィシャルテーマソングになったCHEMISTRY、

Soweluを含む日韓合同ユニット。Soweluはデビュー前のユニット参加となり、一気に注目を集める。K-POPが世界進出する前の韓国はまだ日本語詞楽曲のオンエアが禁止の状態だった。そんな中、主要スタッフが韓国の開幕戦に乗り込み、歴史的瞬間に立ち会う。

■キングギドラ『UNSTOPPABLE』
■キングギドラ『F.F.B.』

伝説のヒップホップグループ、キングギドラ（Kダブシャイン、Zeebra、DJ OASIS）がデフスターで期間限定で再結成。復帰第1弾シングルとして2枚同時リリースしたが、それぞれの収録曲の一部歌詞への抗議が殺到し、両シングルとも販売停止・回収となる。しかし、レーベル内ではひそかに「プロモーションは回収しない」を合言葉に宣伝を続行。回収決定その日の『ミュージックステーション』では、レゲエダンサーをフィーチャーした攻めたパフォーマンスを披露。さらに話題を集めた。

■YeLLOW Generation『北風と太陽』

YeLLOW Generationは、放送作家おちまさとがプロデュース・作詞する3人組ボーカルユニット。歌詞を先行して楽曲を制作するスタイルで、デビュー前から地上波テレビの深夜冠番組レギュラーを務めるなど積極的に仕掛け、ブランディングを図っていった。セカンドシングルとなる本作は、Whiteberry「夏祭り」(2000年)、ZONE「secret base～君がくれたもの～」(2001年)と続く夏休み期間にオンエアされた昼ドラの主題歌としてスマッシュヒット。日本ゴールドディスク大賞「ニューアーティスト・オブ・ザ・イヤー」を受賞した。

■CHEMISTRY「It Takes Two / SOLID DREAM / MOVE ON」(トリプルA面シングル)
■CHEMISTRY「My Gift to You」(10万枚限定シングル)

翌、2003年1月8日にリリースとなる2ndアルバム『Second to None』につながる先行シングルとして11月13日、12月18日と連続リリースされた。「It Takes Two」はフジテレビ系火曜9時ドラマ『ダブルスコア』(主演:反町隆史・押尾学)、「SOLID DREAM」はフジテレビ系『めざましテレビ』テーマソング、「MOVE ON」はダイハツ「ムーヴカスタム」CMソング。吉田のタイアップ戦術の集大成ともいえるトリプルタイアップシングルとなった。

「My Gift to You」は、開発されたばかりの「着うた®」機能搭載のau携帯電話に楽曲自体がプリセット。世界初の「着うた®」楽曲としても注目を集め、その年の『NHK紅白歌合戦』にも同曲で2回目の出場を果たした。

両シングルがアルバム先行シングルとしての役割を充二分に果たせたことで、セカンドアルバム『Second to None』へと有機的につながり、アルバムは150万枚を超えるセールスを記録した。

怒涛と充実の日々だった2002年が終わった。そして、2003年に突入したが、吉田のベクトルはすでに次の方向を向いていたことは、僕らはまだ知らなかった。

その頃、TBSの高田は吉田から、よく相談を受けていたという。

「彼を嫌いな奴もいっぱいいいたんじゃないかな。会社に入るとわかりますけど、仕事をしない人が一番好かれるんですよ。人柄いい人だねって言われて、仕事しなきゃライバルも生まれない。人から羨まれる仕事をすれば、その分すごく恨まれる。それが彼なんじゃないかな」

ただ、吉田はその頃から「打ちまくってるのに試合では負けているような敗北感がある」とよく口にするようになっていた。

「『もうこんなとこにいたらダメだ！』っていう、ちょっと芝居がかったメールが敬さんから来たのを憶えている。めったにメールなんか打たない人だからインパクトがあった」（藤原）

そして、吉田は行動に移す。

「これぐらいの頃から、別なミッションを敬さんから与えられるようになった」（大堀）
レーベル運営ではない、吉田の別のミッションとは、「独立への道」だった。

「いきなり独立と言われても何の経験もないのでわけがわからず、人づてに辿り着いた某メガバンクのファイナンシャル専門の人のところに相談しに行ったりしたよ」（大堀）

「僕も、独立の件は相談されたな。デフスターになるとき、『ソニーの傘下であればどこに行っても上司が変わるだけで、真の独立にはならないよな』って言ってたことを思い出した。その頃はワーナーの〝ワ〟の字もなかった」（藤原）

また、この頃から、社内も何か歯車が狂い始めていたのかもしれない。

そんな中CHEMISTRYは、セカンドアルバム『Second to None』の成功を受け、いよいよ初の日本武道館公演に向けた全国17カ所27公演のツアー『CHEMISTRY 2003 Tour "Second to None"』が始まる。そのツアー中の地方公演に吉田が彼らを訪ねることになった。

「ライブ終わりで3人で食事に行った記憶があるんですね。今後どうやっていくかという話をしました」（川畑）

「敬さんとしっかり話した印象はそこしか逆にないかもしれないです」(堂珍)

「その時、本当に一番深く話したと思うんですよね。現場のスタッフのみなさんと違ってなかなか会うことがなかったので、そういう食事も何度もあったというわけではなくて。もちろんレーベルのオフィスに行けば顔を出させてもらってお話することはあったと思うんですけど、最初のボスだったから今みたいに、〝どうも〟みたいには行けてなかったと思うんですよね」(川畑)

ちょうどその頃は、CHEMISYRYの今後の体制について社内が揺れている時だった。吉田は、サシで二人と話すことで、彼らの置かれている状況や心境を感じたかったのかもしれない。

「松尾さんがプロジェクトから離れることについての話でした」(堂珍)

「そういうタイミングだったと思います。切り替わりというか、また一歩次に進んでいくというような話をしたんでしょうね」(川畑)

「オーディションの頃から松尾さんは、僕らにとって親のような、兄貴のような存在でした。

なぜ離れることになったかをいろいろ話してくださったと思うんですけど、僕らもまだ若かったし、いまだにわかっていないところも多い。当時のスタッフの中で様々な意見があったというのも聞いてはいましたが……」(堂珍)

「3人で直接話すことで、前に進もうとしたんだと思うんですけどね」(川畑)

CHEMISTRYプロジェクトにとって、大きな決定だった。吉田は、最終的にCHEMISTRYが〝生みの親〟であるプロデューサー・松尾潔から独立し、自分たちの力でプロジェクトを前に進めることで、アーティストとしての自己を拡充させるセカンドフェイズを作っていくことが、その時、選ぶべき道だと判断したのではないか。

大谷はこの判断に納得できず、吉田に何度も話し合いの時間を取って貰い、自分の意見をぶつけたと。それでも吉田の意思は変わらず、「お互いにギクシャクして本当に辛かった」と言う。

そんな状況を横目に、僕は、宣伝チーフとして充実の日々を送っていた。浦塚、本多、川口と僕が勝手に〝三銃士〟と名付けて現場プロモーターとして育てていたメンバーが個性を発揮しながら、それぞれの持ち場で輝いていたからだ。

■本多一彦（現：株式会社B ZONEほか）

野球で言うと一発逆転のホームランが打てるバッターのようなプロモーターだった。担当のラジオ局やCS放送でユニークな施策を連発し、ヒットに貢献した。NACK5担当時代にはソニー洋楽のBabyface来日時に平井堅とセットでの公開録音番組を企画立案。その現場での出会いがきっかけで、後にBabyfaceプロデュースの14枚目のシングル『Missin' You～it will break my heart～』に結実することとなる。また、YeLLOW Generationでは、スケールの大きいオンエア施策を実現した。TFM制作JFN系全国ネットの看板番組『ジェットストリーム』（当時：機長（パーソナリティ）：森田真奈美）の中で、「北風と太陽」をモチーフとしたラジオドラマを制作。竹野内豊、江角マキコが出演するこのラジオドラマ「～パリの恋人たち～」はスポーツ紙、ワイドショーでも取り上げられ、話題となった。

■川口貴史（現：ソニーミュージックマーケティングユナイテッドマーケティング本部）

ソニーミュージック仙台営業所で宣伝アシスタントで採用された後、東京に異動しソニーミュージックアソシエイテッドレコーズのラジオプロモーターとして活躍していた。当時、乃木坂のビルで同じフロアでエレベーターを挟んで反対側にデフスターとアソシが隣り合わせになっていて、その時に夜中まで働く川口の姿を何度も見かけた。そんな彼をデフスターに呼ぶことに成功し、しばらくはラジオ局やCS放送担当として本多と競わせていたが、吉田に見出され平井堅のA&Rに抜擢されることとなった。そのきっかけは、社員旅行をした際に、カジノで見せた、観察力と度胸だった。場の空気を読んでしばらくは、誰がツキを持っているかをじっと観察する、そしてここぞの勝負タイミングでそのツキをもっている人物が賭けた場所に便乗していくという初心者とは思えないその所作に感心した吉田は、デフスターの中で洋楽を手掛けるという新たなミッションを与えられた児玉の後任として川口を抜擢することとなる。そんな川口は16枚目のシングル「大きな古時計」から平井堅を担当した。

■浦塚雅宣（現：ソニー・ミュージックマーケティングユナイテッド第一宣伝部 部長）

ソニーミュージック福岡営業所で宣伝のバイトとして採用された後、ワーナーミュージックに入社。その後再び吉田に呼ばれてデフスターに入社していた。元探偵という変わった経歴の持ち主だった。テレビ担当として、吉田の薫陶を受け、第一線で活躍していた。歌番組だけでなくバラエティやドラマ、アニメ、映像事業まで、くなまく局を回り人脈を開拓していった。ある日、僕が顔見知りになり、親しくさせていただいていたプロデューサーが初めてゴールデンタイムの連続ドラマをプロデュースすることになり、その原作本を手に入れて読んだら、平井堅のニューアルバム『LIFE is…』のタイトル曲の歌詞の世界観とバッチリ、シンクロするように感じた。

浦塚に早速そのＣＤをプロデューサーに届けるように指示したところ、忙しくて席にいないプロデューサーに会えるまで、連日張り込み、無事届けてくれた。その甲斐あって既発表のアルバム収録曲に関わらず、ドラマ主題歌を獲得するという流れにつながった。ドラマ用に再アレンジが施された平井堅の18枚目のシングル「LIFE is... ～another story～」は、ＴＢＳ金曜ドラマ『ブラックジャックによろしく』（主演：妻夫木聡）の主題歌としてリリースされ、同名アルバムのロングヒットに貢献した。

こうして三銃士たちは三者三様の活躍をして、デフスターの快進撃をサポートした。３人とも平井堅の５枚目のアルバム『LIFE is...』及び収録曲に大きく貢献しているところも見逃がせない事実である。

しかし、好事魔多し。自信をもって仕切っていた宣伝チームの方針をめぐって僕自身がレーベルを代表するアーティストの事務所と対立するようになり、正しく機能できなくなっていった。今思えば、僕が個別のアーティスト事情や事務所のスタンスに寄り添おうとせず、メディアとの向き合いを優先にした考えに凝り固まっていたんだと思う。

「そして、ある日突然、ワーナーに移るっていう選択肢が浮上したんだ。最初はあくまでもオプションの一つだった」(大堀)

「僕は大反対しました。『他のレコード会社に移っても、それって敬さんの言っていた本当の独立じゃないじゃないですか』と何度も言った。反対しているうちに、だんだん口をきいてくれなくなった」(藤原)

ある日、僕は吉田にホテルのバーに呼び出された。その頃、デフスターにはある噂があったため、ピリつく思いでそのバーに向かった。吉田は異動や担当変更の内示を決まってそのバーでするという。

「CHEMISTRYの担当交替の内示も、そのバーで受けたよ」(大堀)

自分自身のせいで、プロモーションが機能不全に陥り、停滞してしまっていることは自覚できていた。僕は覚悟を決めて、吉田に切り出した。

「異動ですか？」

吉田は、ニヤリと笑って僕にこう告げた。

「そうだ。ワーナーに異動だ」

やはり、吉田は即断即決の人だった。僕と大堀のワーナーミュージックへの「異動」が決まった。吉田に、辞表を預けた。仕事も人間関係も順調なのに、その会社を去ることになるとは……「辞めたくないのに辞めなければならない」という人生の選択を初めてすることになった。刻一刻と、その時が迫っている。意を決した僕は、乃木坂ビル近くの喫茶店に主要スタッフを呼び出した。

「敬さんを止めましょう！」

僕にとって、デフスターは最強のレーベルであり、最高の場所だった。誰かが一言発すれば、時間・場所を問わず集合して、結論が出るまで、お互いの意見を言い合い、アイデアを出し合う。例えば、こだわりの強いアーティストを説得するために、そのアーティストがリスペクトする占星術師を裏でこっそり稼働させるような、そんな突拍子もないけど柔軟な発想をみんなが持っていた。

しかし、その日の話し合いは、具体的な解決プランには到達しなかった。意見がかみ合わず、何かギクシャクしたまま時間だけが過ぎていった。

2003年8月1日、吉田はワーナーミュージック・ジャパン代表取締役社長に就任した。

デフスターのメンバーで吉田を支えた日々は、結果3年にも満たなかったともいえるし、太く短い栄光の日々だったともいえる。

「いろいろな独立方法を模索した結果、現実的なものはなく、すぐにでも辞めたいという意思もありワーナー移籍を選択したんだと思う。具体的な報酬というのも(決断した原因に)あったのかもしれない」(大堀)

洋楽のコンテンツが充実する一方、邦楽アーティストの継続的なヒットが実現できず、売上的にも利益的にも不振にあえでいたワーナーミュージックを立ち直らせるカンフル剤として、吉田に白羽の矢が立ったのかもしれない。

吉田がCBS・ソニーに入社した頃、配属された国内販売促進部を統括する立場にあった当時、雲の上の存在だった稲垣博司から熱心に口説かれたのも、決断につながったのではないか。

その後のデフスターは、藤原が2代目社長に就任。大谷は宣伝をみることとなった。

第7章

一瞬のためなら、一生生きられる
～ワーナーミュージック・ジャパン時代の吉田敬

研音、児玉は言う。

「ワーナーへの移籍は事後報告でしたね。なんでも相談してくれる間柄ですが、本人の意思が固かったのでしょう。俺らのアーティストを捨ててどうする？と怒ったのですが、本人の決意はゆるがなかった」

ワーナーミュージックは皮肉なことにTUBEプロジェクトを牽引していた橋爪を中心としたスタッフが大量移籍した会社でもあった。当時、ワーナーミュージック社員のなかでは〝ワニー〟という隠語があって、ソニーミュージックからヘッドハンティングされてくる人間が支配する体制を自虐的に皮肉ったものだ。ソニーミュージックの人間が次々来ては、ワーナーミュージックの社内を荒らしているというイメージが強かったのだと思う。

僕らが出社したときの反応はとても冷ややかだった。

当時、宣伝部でスポーツ紙担当をしながら、その後、手腕を買われ、広報室長を兼務して吉田をサポートすることになる、池田鉄也（現：尚美学園大学）は語る。

「最初は社内のムードが、また（ソニーから）来たの？　今度は何年もつかな？　〝お手並み拝見〟という感じでした」

吉田が若かったこともあり、それに対するイレギュラーな反応もあったように思う。この僕も34歳で宣伝部長の肩書で入社。50代の宣伝部長と席を並べて、部下はほぼ全員が年上。痺れるシチュエーションだ。

当時その宣伝部で唯一、年下の部下となった、フジテレビ担当をつとめていた竹本現（現ユニバーサルミュージック）は語る。

「〝敵〟が来た！と思いました」

リストラも終わり、新しい体制で〝さあやるぞ〟と覚悟を決めたときに、吉田はやって来たのだった。

移籍に反対した研音の野崎俊夫は語る。

「お茶もでなかったらしいぞ。あまりのギャップにとまどっていたんじゃないかな」

吉田は、ワーナーミュージック移籍後も、何かを振り切るように、研音へは、毎日のように通っていたという。

「数字の会議が多いって愚痴ってたな。彼の持ち味は自分でヒットを作ることなのだが、その力が経営のほうにとられている印象をもった」（野崎）

慣れない外資系システムや一癖も二癖もあるいろいろなレーベルからヘッドハンティングされてきたディレクター達。稲垣が吉田に「同床異夢」と説明していたのが印象に残った。入社するや否や、会議三昧の日々に突入し、デフスターから培ってきた、僕らの持ち味である機動力をいきなり削がれたように感じた。

そんなアウェイで八方塞がり状態の社内の中で、ある種のシンパシーをもって迎え入れてくれた人物がいる。市井三衛（当時ワーナーミュージック・ジャパンCFO兼専務取締役）だ。クレバーでロジカル。数字と英語に圧倒的に強い。そんな市井の存在は、慣れない外資系のシステムに苦労したであろう吉田にとっては強力な援軍となったのだ。

「吉田さんは、偶然にも私の高校と大学の後輩だったんですよ。特に高校では、彼は野球部で、私は剣道部とお互い体育会であり、また、当時は実家が遠い生徒は寮に入るというのが普通だったので、実家が大阪であった彼が寮生として高校生活を送ったというのは、想像がつくんです。そんな近しさを感じていたので、わりとすんなりと私のミッションは吉田さんをサポートすること、（ヒットを作るうえで）それ以外の負担をかけないことにあると明確に思うことができました。稲垣会長（CEO）がいて社長（COO＝経営陣の指揮のもとで、事業のために業務の執行を統括する最高責任者）として吉田さんが来るという図式は、ともにCEOにレポートするということは一緒で、それは稲垣さんが辞められた後でアジアパシフィックの責任者にレポートするという形になっても図式は変わらなかった。どちらが上でどちらが下みたいなこともなかったのが、良かったのかもしれません。彼とは二人だけの会議を毎週実施しており、私の方から積極的に〝困ったことありませんか？何かリクエストはありますか？〟〝今、問題ありますか？〟等と聞くようにして、基本的には、私が細かいことは全部やるから、吉田さんは、ヒットを出すためにやるべきこと（好きなこと）をやってくださいというスタンスでやっておりました」

僕らがワーナーミュージック・ジャパンに入社する約1年前、市井は外資系のヘルスケア会社から転職した。市井の役職であるＣＦＯとは日本語に訳すと、「最高財務責任者」つまり会社の財務に関する業務執行を統括する役員の名称である。欧米ではＣＥＯ（最高経営責任者）と並びそのステータスが確立している。例えば同じ外資系のレコード会社ユニバーサルミュージックの当時ＣＥＯだった石坂敬一には鈴木伸子というＣＦＯがいて、音楽業界の業務フローに外資系の決済システムを日本流にアレンジして導入し、今の快進撃の土台を作ったともいわれている。いわば、ＣＥＯの経営上の〝バディ〟がＣＦＯである。市井のサポートあってこそ、吉田は新たな環境でのヒット作りに専心できたのではないか。そんな思いが僕の頭の中をよぎった。

海外の経営陣とのミーティングが定期的に開催されることも、吉田には最初こそ戸惑いはあったのだろうと想像できる。市井は率先して通訳を買ってでたという。

「ミーティングでは、もちろん通訳はつきますけれども、結構、専門用語が飛び交うような、ややこしい話になりがちじゃないですか。事前に相談して〝吉田さん、どんな風に説明しますか?この部分自分で話しますか?〃と確認したうえで、主に数字的な部分は私が説明するのですが、それ以外も吉田さんがやりやすいようにサポートしました。当然、説明に対するクエスチョンがあった時も、私がパッと答えられるときは答えましたし、〝吉田さん、今のどうですか?どう答えますか?〃とニュアンスを確認したうえで、ここはあえて本人に答えてもらおうとか、その場で相談しながら進めていました」(市井)

そんな中、海外の方で動きが出てくる。当時ワーナーブラザーズの親会社だった米国タイムワーナーが音楽部門を分離・売却。それに伴い、ワーナーミュージック・ジャパンも切り離されることになる。その際に、全世界レベルでのリストラが始まることになる。吉田がリストラが終わったと聞いて入社したはずが、最初にした仕事が追加のリストラとなってしまったのだ。

吉田と行動を共にした大堀も、移籍当初のことをこう語ってくれた。大堀は、社長補佐～執行役員制作本部長として、ワーナーミュージックでも吉田の補佐役に徹し続けた。

「ワーナー入社後は最初のヒットが出るまで必死だった。リストラが終わったと聞いて入ったのに、最初にした仕事がリストラだった。敬さんとともに社員集会で説明したが、怒号渦巻

く中、吊し上げを食らった。話が違うと思った」(大堀)

「優しくて、人の好い上司たちと、〝さあやっていこう〟という時に、その人達が役員室に呼ばれて、青い顔をして戻ってくる。〝辞めることになった〟と告げられた時には、怒りと反発しか感じなかった」(竹本)

海外の感覚ではリストラではなく、組織の再構築のために行われる人員削減ととらえられている。会社都合で辞めることになる社員に対して、国内企業の相場感に比べるとかなりな額の早期退職に対する割増退職金が支払われることになる。そのことは、組織を活性化させるための積極的な投資、むしろポジティブなものとして位置付けられているのだ。しかし、実際はプロパーの社員からするとネガティブなものでしかない。

ワーナーミュージック・ジャパンの前身であるワーナーパイオニアは、オーディオ機器メーカーであるパイオニアの色が強く、電機労連の流れを組む労働組合がしっかり機能し社員の労働環境の改善に目を光らせていた。その伝統がしっかりとワーナーミュージック・ジャパンにも受け継がれ、度重なるリストラに対する不快感を募らせていたのだ。

また、今までソニーミュージックからやって来た〝ヒット請負人〟たる役員やプロデューサーに対しても厳しい批判の目が注がれていたのも事実だ。最初こそ派手に売り出されスマッシュヒットするアーティストこそ散見されたが、長期的に利益に貢献できるアーティストの育成は達成できてなかったからだ。吉田を呼んだ張本人である稲垣が、会社を去ることになったのも、この気分に拍車をかけた。〝後ろ盾を失った41歳の社長に何ができるのか？また同じことの繰り返しなのでは？〟社員目線でいうと、まさに〝ブルータスお前もか〟の気分の真っ只中、社員集会を行い、組織変更に伴う早期退職実施の説明会を開くことになった。これが怒号渦巻く全社員集会となった。

吉田は、逃げずに、全社員にしっかりと向き合って、新組織の狙いを〝ヒットを作るための組織〟と定義し、淡々と説明した。そして、吉田が発表した新組織は、従来の各レーベルが売り上げを競い合う縦割り型の組織を解体して、自分に制作・宣伝のすべてのレポートラインを集中させる体制だった。人事的には社内融和ではなく、融和を拒む役員とその組織自体を躊躇なく切り捨てる厳しいものとなった。その分、新組織の失敗は全て自分が負うという強いメッセージにもなった。

質疑応答を設け、社員のシビアな質問にも臆せず淡々と答えていく。不器用だが真面目に向き合う新社長の姿に、今までのソニーミュージックからの来訪者とは違う空気を感じたのだろうか。大堀と共に僕も吉田の横に座って怒号に耐えていたが、社員全員を敵に回してでも改革を貫こうとする吉田の意思の強さは、少なくとも彼らに伝わったのではないかと手応えを感じるものとなった。全社員を納得させるまでには至らなかったが、ミリオンヒットを連発してきた吉田本人の発する言葉には一定の説得力があったように僕は思う。

「役員クラスの社員プロデューサーの1人は吉田さんへの反発も強く、経営会議の場で口論になることもありました。私は、吉田さんの目指す組織を作るためにはどちらが正しいとかではなくて、その実現を最優先して動きました。役員クラスの社員プロデューサーの方々に辞めてもらう場合には、吉田さんが直接話すとお互いに感情的になる可能性が高いので、基本的には、私が話しました。彼らがあまり変な感じで辞めないで済むように、なるべく困らないように、いろいろ考えて、話をしました。もちろん、皆さん心から納得してくれたわけでは無いと思うのですが、外資に来た以上そういう覚悟はできていて、実績を出している方であるほど、じゃあいいですよって話になりました。私も他でも活躍できると思いますからという風に説明したし、実際その後、他社の社長になられた方もいました」(市井)

その日を境に社内の空気は少しずつ変わっていたように思う。あとは、実績だけだった。

苦しい日々は続く。

毎年忙しかった年末も、ワーナーに入社した年は『NHK紅白歌合戦』の出演者は0。会心のヒットが1曲も出ない日々がしばらく続いた。場末の居酒屋で流れる有線放送では、「瞳をとじて」(平井堅)、「雪の華」(中島美嘉)と連続して、その年を代表するソニーミュージックのヒット曲が流れていた。ただひたすら悔しさを噛み締めたのを覚えている。

そんな中、唯一明るい〝兆し〟がみえたのは、〝第2の桜〟河口恭吾の「桜」のスマッシュヒットだった。しかし、それを主導したのは、吉田ではなく、竹本を含む現場の若手たちだった。

「反発心から始まった」

と竹本は言う。吉田から、最初に声をかけられたときのことを今でも覚えているという。

「次のクールの月9のプロデューサーと主演事務所はどこだ?」

いきなり、ブスッとした表情で尋ねられた。歌番組とワイドショーへのブッキング業務がテレビ担当だと思い込んでいた竹本には衝撃の言葉だった。正直に〝分かりません〟と答えた。

「お取替え時期だな」

冷酷な言葉を浴びせられた。僕からみて、当時の竹本はテレビチームのエース的存在だった。

当時のテレビ情報番組でもっとも影響力のある『めざましテレビ』『とくダネ！』へのブッキング能力は、全レーベルの中で一番だと思った。いま思えば、吉田は、その能力を評価してさらに上を目指せとハッパをかけたのだと思う。しかし、その意図は伝わらない。

「なんだ、この曲は演歌みたいだな」

ワーナーに移籍してきた、河口恭吾の「桜」をそう表現した吉田に、闘争心が沸いた。

竹本は、自分の担当媒体で最大限の露出を確保した。特に『めざましテレビ』の名物コーナー〝広人苑〟での本人インタビューを獲得した。テレビというメディアを通じて河口恭吾という人物がしっかりと掘り下げられ、それをきっかけに、ＣＤの数字が動き始めた。結果50万枚を超えるヒットとなったが、それでも、ヒットはこの「桜」1曲でただけで、次に続くアーティストは、すぐには生まれなかった。

まだ、社内の吉田への評価も冷ややかだった。〝助けられたね。運が良かったね〟とささやかれた。

関谷拓（現T.W.D.代表）も吉田への〝反骨心をバネ〟にして活躍した一人だ。

彼とは、デフスター時代に一緒にYeLLOW Generationプロジェクトを遂行する際に知り合い、僕がワーナーミュージックに引き入れていた。彼は当時、YeLLOW Generationのプロデューサー、おちまさとの現場マネージャーをつとめていたが、レーベル側のデフスター、事務所側の研音、どちらの側に立つわけでもなく、さらに自分がマネージメントするプロデューサー、おちまさとの意向を押し付けるわけでもなく、きわめてニュートラルに立ち回り、YeLLOW Generationのプロジェクトが円滑にまわるよう動いた。僕はそのセンスと熱意と押し出しの強さを頼もしく思っていたのだ。僕らがワーナーミュージックに入るタイミングに彼から今の仕事を辞める旨の挨拶状が届いた際、反射的に電話を取り、連絡を入れた。〝ワーナーでタイアップ担当をやりませんか？〟関谷は僕らから2か月遅れでワーナーミュージックに入社し、宣伝部管轄のCMタイアップに特化した別部隊に所属。タイアップの経験値のない彼に、いきなり電通担当を任せた。電通担当といっても、引き継ぎもなくゼロベースからの開拓となった。きっと困惑したに違いない。そんな彼に、吉田が〝ちょっかい〟を出した。

「お前タイアップ決まったか?」

「入社して1ヶ月も経たないうちに、吉田さんからそう聞かれたんですよね。26歳の右も左も分かんないような小僧に。〞いや、まだ決まってないです〟と普通に答えたら、〞お前電通担当で、まだタイアップ決まんねえのか。電通全員と名刺交換してこいっ！〟という指令がいきなり出たんです」

その頃、吉田は、社内を巡回し、宣伝マンのホワイトボードをチェックするのが日課になっていた。席に座っていると〞いつまで会社にいるんだ〟というプレッシャーがかかる。入館証さえあれば、飛び込みプロモーションのできるTVやラジオなどのメディアと違って広告系の媒体はアポイントがないと商談ができない。一歩一歩人脈を開拓しながら、悔しさと反発で、いつか見返してやろうと思ったに違いない。気が付くと、電通の名刺が1000枚を越えていたという。

「吉田さんの存在は僕の中で一気にネガティブなものになりました。本音を言えば、その場から逃げ出したいとも思いましたが、でもこの言葉がきっかけで突き動かされたという部分もありましたね」(関谷)

それでも、吉田の求める〝結果〟は、なかなか出なかった。直属の上司である僕にも矛先が向かう時もあった。しかし、彼の働きぶりやコミュニケーション能力の高さを発揮する局面が要所であり、〝いつか必ずやってくれる〟という確信めいたものが僕にはあった。

池田は、そんな吉田の部下操縦法をこうとらえていた。

「〝アメと鞭〟だと思いました。僕も〝安定感あるね〟と引き続き、スポーツ紙、新聞担当をやらせてもらってましたが、いつも結果をみられているので、ものすごく緊張感がありましたね」

ストラテジック部門にいた酒井善貴（現：アイビーレコード代表取締役社長）は、〝会社の状況など自分には関係ない〟という思いで、コンピレーションアルバムを次々と企画し、ヒットを量産していた。コンピレーションアルバムとは、特定のテーマや一定のコンセプトに基づいて集められた楽曲によって構成された音楽アルバムのことで、今のサブスク時代でいうと、〝プレイリスト〟のようなものといえる。しかし、当時のマーケットはCDパッケージの時代だったので、サブスクのように気軽に選曲・編集は不可能だ。特にメーカー、レーベルをまたいで選曲をするとなると、様々なハードルがあった。発売して日が浅いヒット曲の音源の使用許諾を得ることはまず不可能だし、カタログ音源でも各メーカー間で独自のルールが設定されていて、企画を考えるセンスとルールを熟知したうえでの特殊な選曲技術が必要だった。最新洋楽のヒットを集めたEMIの『NOW』や、ソニーミュージックの『MAX』、ヒーリングミュージックを集めたEMIの『feel』やソニーミュージックの『image』などがある種の定番でいくつかのヒットシリーズが生まれているジャンルでもある。そんな中、ある日、酒井の最新企画が吉田の目に留まったという。

「当時、売上対策企画に奔走され、全社を挙げて売上構築を目指す〝レスキュー企画〟会議が行われました。営業部、宣伝部を中心に、邦楽、洋楽、そしてボクが所属するストラテジックマーケティング部といった全部門が知恵を絞って売上を構築しようという会議です。その席で、ボクがリリースしたばかりの『ザ・ディスコ』というコンピレーションアルバムに吉田社長は興味を持って、ある程度、売れている作品なら転がせばもっと売れるだろう！といろんなアイデアを出してくれた。〝これはできないか？こんなネタでイベントはできないか？〟と意見を出してくれたのを覚えている。結果的に、ボクが用意していた東京国際フォーラムのオムニバスライブ「Let's Groove 2004, Live At Kokusai Forum」を宣伝部がサポートする形でプロモーションを行い『ザ・ディスコ』は、約10万枚の売上実績となりました」(酒井)

吉田は、高校時代に色々な思いで通った〝ディスコ〟の企画と酒井の的確な選曲のセンスに思わず反応してしまったのかもしれない。その会議以降、酒井は吉田のことを意識するようになったという。

吉田の、研音への日参は変わらず行われていた。唯一、この時期が今までと違ったのは、児玉が吉田とほとんど口を利かなくなっていたことだ。ワーナーミュージック移籍事後報告のわだかまりも残っていたのかもしれないが、決定的だったのはデフスターからの更なるスタッフ引き抜きとその未遂事件だ。

CHEMISTRYのアーティスト担当で後に絢香を担当し、Superfly、YA-KYMなどが所属するレーベル〝Realnote〟を立ち上げ、レーベルヘッドとして活躍することになる四角大輔の移籍は確定していた。だが、僕の後を継いで、デフスターの宣伝部で活躍していた若手を引き抜こうとしていたことが発覚したのがトリガーになったのかもしれない。見かねた野崎が間をとりなしたという。

まだ所属アーティストの新たなブレイクには至らず、満足できる大きなヒットも生まれない。そんな悶々とした日々の中、吉田は、久しぶりにファンキー・ジャムを訪れることになった。

「私がソニーを辞めたの?って電話をしたら、〝今から行ってもいいですか?〟と」(大森)

かつてのように、吉田は突然オフィスに現れ、ホットコーヒーに氷を入れたアイスコーヒーを飲みながら、ワーナー移籍のいきさつをひとしきり話した。その時、大森が聴いていた新人のデモテープを偶然耳にした。吉田好みの繊細でソウルフルな歌声だった。

平井堅やCHEMISTRYなどこれまで携わってきたアーティストはそのままレーベルに残るため、もう一度〝自分色〟の新人を一から作りたい……、そんな吉田の願いと、新人をどう売り出していくかを模索していた大森の気持ちが一致した。こうして吉田がワーナーミュージックで最初に手掛けた新人アーティスト、森大輔との契約が成立した。吉田は、四角からの発案を受けて、ワーナーミュージックの洋楽レーベルの中で、ブラックミュージックやソウルミュージックのヒットを多く輩出しているアトランティックのブランドを借りて、アトランティックジャパン第1号アーティストと銘打って、森大輔を売り出すことになる。

吉田がA&Rに指名したのは、鈴木竜馬(現:ソニー・ミュージックエンタテインメント、The Orchard Japan代表)だ。彼も、またソニーミュージック出身だった。彼は、音楽事業ではない、キャラクターグッズや化粧品を扱う関連会社であるソニークリエイティブプロダクツに配属されたが数年後に退職。その後、海外放浪の旅に出たあと、ワーナーミュージックに営業として入社していた。僕らが入社する前のワーナーミュージックは、RIP SLYMEやKICK THE CAN CREWなどのヒップホップアーティストがブレイクしてJ-POPの新たな潮流を牽引していたが、その礎になったのは、竜馬が営業時代に主導したリアルライムキャンペーンだった。

「当時のワーナーは、制作、宣伝が寄せ集めの多国籍軍みたいな状態だったので、営業がハブになることで、RIP SLYME、KICK THE CAN CREW、スケボーキング、RYO THE SKY WALKERなどヒップホップの文脈でリリースされるアーティストを一つのくくりにしてリアルライムキャンペーンと銘打ち、スペースシャワーでレギュラー番組を持ち、東京ベイNKホールで販促イベントを実施し8000人を無料招待したりしました。企画実現のためにRIP SLYMEの所属マネージメントとも直接交渉したりして、いい経験になりました」

僕らからは〝竜馬〟で親しまれ、後輩からは〝竜馬さん〟と慕われる彼は、吉田の入社をどうとらえていたのか。

「ヒットがない人とは全然違う。しかも自らいくつものミリオンヒットを作ってきた人としてリスペクトしてみていました。だから俺ら当時の若手は会社の雰囲気が変わるのかなと期待してましたが、丁度、その頃不慮の事故で社員が亡くなることがあったり、リストラがあったりで会社の雰囲気がとにかく暗かった。自分でも会社の雰囲気を変えられたらとは思っていました」

こうして、ワーナーミュージックに移って、自らが契約して手掛ける、最初の新人歌手、森大輔のA&Rに竜馬を指名した吉田は、四角をサポートにつけ、さっそく売り出しにかかることにした。竜馬は各部門に号令をかけ、売る体制を作った。アトランティックジャパンとしてのコンベンション(媒体、ディーラーを招いてのショウケース)も実施し、アーメット・アーティガン(アトランティック創業者)のメッセージを洋楽経由で取り寄せ、会場で流すなど、来場者へはインパクトを残すことに成功したが、リリース後のセールス状況は好転しなかった。ポテンシャルの高い森大輔楽曲をヒットに導く突破口がなかなかみつけらなかった。

「敬さんからのダメ出しが続き、A&Rとしては修行の日々でした」(竜馬)

「ワーナーに行ったタカシには、社長業が重たくのしかかっていたんだと思う。かつてのようにアーティストを売ることだけを考えてれいればよいわけではなかったんじゃないかな。タカシにはタカシのやらなきゃいけない仕事があり、自ら動くというよりは、下を動かさなきゃならない環境だったのだなと」（大森）

大森の言うように、吉田が就任した直後のワーナーは、デフスターのような〝タカシイズム〟が現場に浸透するのには、時間を要した。最初の頃は、吉田が思い描く、アーティストを売るための組織には、程遠かったんだと思う。

僕も宣伝部長としてA&Rの竜馬の発信にこたえるべく腐心したが、思うように宣伝部を動かすことができなかった。自分のリーダーとしての非力さを痛感し、彼に詫びた。

また、この頃、米タイムワーナーからの分離・売却に伴い、ワーナーミュージック・ジャパンのバックオフィスに大きな変化が生じていた。海外へのレポートラインは変わらなかったが、決算期が変更したのである。2003年度までのワーナーミュージック・グループの事業年度は1月〜12月であったが、それを10月〜9月の事業年度に変更するというものであった。この頃の音楽シーンの大きな傾向として、11月〜12月にかけて、ビッグタイトルのリリースが集中することが多く、ワーナーミュージック・グループも例外ではなかった。つまり、1年の中で、締め直前の期末に売上と利益が偏っているので、事業の運営に様々な問題が発生しており、その期間を期首にもって来ることで解決することが目的であった。

「決算期の変更は、我々にとって、結果的に、非常にラッキーなことでした。その当時から、吉田さんは、経営会議でも必ず新人をブレイクさせると宣言していました。ヒットを出すためにどうするか、2年位のスパンで戦略を構築しており、非常に明確でした。私はそれにあわせて、どうすれば吉田さんが動きやすいか、会社としての成果を出せるかだけを考えていました。決算期が変わったことで、戦略の実施に関して、より自由度が生まれたことは間違いないと思います」(市井)

決算期の変更は、大きなポジティブな影響を及ぼした。移籍してしまうことで急遽編成された槇原敬之のベスト盤『Completely Recorded』が2004年度末である8月25日にリリースされ、予想以上のヒットとなったのだ。このアルバムは、ワーナーミュージックでデビューし、ソニーミュージックに移籍、その後またワーナーミュージックに戻ってくるという彼の全時代を網羅するオールタイムベストであること、EMIに移籍後リリースしたオリジナルアルバム『EXPLORER』と同時期に発売し、アルバムジャケットを連動させたこと、SMAPに提供した「世界にひとつだけの花」の大ヒット後のアルバムであること(セルフカバーはEMI盤に収録)などの要因や施策があたり、70万枚を越えるロングヒットとなった。

その頃、BONNIE PINKの所属する音楽事務所、タイスケでウルフルズのマネージャーをしていた田畑麻奈美（現：ワーナーミュージック・ジャパン、A&Rプロデューサー）は、トータス松本とともにテレビ番組の企画でニューヨークのハーレムの教会を訪れていた。そこで、あるゴスペル隊の圧巻のパフォーマンスに接し、大きく心をうたれた。そのゴスペル隊、〝ARCゴスペル・クワイア（The ARC Gospel Choir）〟は、更生施設に入居している薬物中毒者たちが自分の魂の救済のためにゴスペル隊を結成し、歌っているというバックグラウンドをもっていた。

田畑は、帰国しても、その余韻が冷めずに、彼らのCDを出したいと思うようになっていった。時は、ちょうどワーナーミュージックを辞めた塔本一馬が設立したプラティア・エンタテインメントが仕掛けた女子十二楽坊が大ヒットしていた時期だった。綺麗な中国人女性のインストゥルメンタルが〝あり〟なら、ゴスペルだってブラックミュージックのひとつのスタイルだし、物語性もある。タイスケ社長の森本泰輔も巻き込み、興味を持ってくれるレコード会社をあたりはじめた。そして、最終的にいきついたのは、吉田のところだった。

「どのレコード会社も気を遣ったリアクションをしてくれるのですが、明確にやりたいとは言ってくれなかった。そんな中、吉田さんは2つ返事で。〝俺、知ってるよ〟と。CHEMISTRYがコラボしたことがあったという話をその場で聞いて。わたしが既にテレビの特番と報道ステーションへの出演を取り付けていたことにも興味を示し、是非やりましょうと言ってくれた」

ゴスペルだからクリスマス時期にリリースすることと、来日キャンペーンを組むことがその場で決定した。田畑は大急ぎで、ニューヨークに乗り込み、彼らと契約。すぐさまレコーディングがスタートした。そして、来日キャンペーンの日程も組まれた。

「36人全員犯罪歴があるんです。そう簡単に入国許可は下りない。何回も大使館に行き、紹介してもらった入国審査官の方に、〝ストップドラッグ！〟という役割で来日するという趣旨を説明し、決定したテレビ番組名も伝えて交渉した。それで、何とか滑り込みでビザがおりた」

ARCゴスペル・クワイアは、吉田自ら号令を下した。全員外国人だったが、洋楽の部署ではなくBONNIE PINKを担当する邦楽の部署が仕切る形で、来日プロモーションが組まれた。竹本が『とくダネ！』の密着取材を仕込み、総合司会の小倉智昭は「ポール・マッカートニーでさえ入国を拒否したことのある日本が、更生してるとはいえ、ドラッグを経験している全員が来日できた。そのことが何より凄いことだ」と番組で語ったという。

しかし、CDの数字は動かなかった。

そんな中、ワーナーに入社3年目、僕は吉田から、異動を言い渡された。吉田からは、〝持ち味が出てない。好きなことをやってみろ〟とハッパをかけられたが、事実上の宣伝部長解任だった。吉田は一番の身内である僕を切ることで、その覚悟を会社に示す意味もあったと思う。

重圧から解放され、自分に何ができるかを考えたとき、心に浮かんだのは、ソニーミュージック時代にタイアップ担当として活躍する吉田の姿だった。デフスター時代もいくつかのタイアップを獲得することはできたが、メディアプロモーションと兼務していることで、どこか動きが中途半端だったように思う。それは、ワーナーミュージックに来ても一緒だった。どうせなら、テレビドラマ、映画、アニメ、そしてCM。タイアップ全体に特化した専門の部署を作ろうと思った。扱うアイテムは邦楽だけでなく洋楽、カタログも含めたワーナーミュージックが取り扱う全アイテムとした。ソニーミュージックで一志が宣伝会議という部署を立ち上げて実践していたTVCMや新聞広告のメディアバイイング、バルク発注機能をもたせ、代理店とのパイプを強化し、その代理店が扱うタイアップもののコンペ情報が自然と集まってくる体制を目指した。こうして僕は新しい部署「宣伝企画部」を立ち上げた。CMタイアップ担当としてスキルを身につけつつあった関谷も合流し、僕を含めた4人のスタッフでスタートを切ることとなった。

そして、吉田は社長業を全うしながらも、自らタイアップに動き、僕のチームとも積極的に連携して盛り立ててくれた。「非常の采配」だったけれども「骨は拾ってくれる」それは、ソニーミュージック時代と何ら変わりない安心感があった。

そして、僕の後の宣伝部長を任されたのは、槇原敬之のベストを70万枚売った藤井憲(現・松竹)だった。藤井はソニーミュージックからワーナーミュージックに移籍し、小柳ゆきなどのヒットに貢献していた。もともとソニーミュージックの名古屋営業所で東海地区を担当するエリアプロモーターというところが、福岡営業所で九州地区を担当していた吉田と時期がかぶっていて、同じ価値観を共有できるというところもあったのかもしれない。藤井は1996年の橋爪の就任のタイミングでソニーミュージックを離れて、ワーナーミュージックに入社した。当時の異動組の中の最後の生き残りであったともいえる。そんな、ワーナーミュージックとソニーミュージックの社風の違いを体感してきている藤井が吉田と話し、宣伝課長に抜擢したのが、竹本だった。吉田と藤井は、かつてのソニーミュージック販売促進部のような〝体育会系〟組織に宣伝部を作り変えることを目指した。そのためには〝鬼軍曹〟が必要だった。

「ゆるい宣伝部の基礎を叩き直せ！」

反発していた吉田に呼ばれ、管理職に抜擢された竹本は、混乱したが、〝上官の言うことには従おう〟と気持ちを切り替えた。

竹本は憎まれ役である〝鬼軍曹〟をかって出た。

「朝は必ず来る（定時出社）」「挨拶は必ずする」そして「宣伝のノルマは必ず達成させる」を念頭において宣伝マンのマインドの改革に着手した。自らが模範を示しながら、若手プロモーター達を厳しく指導する姿が社内でもよく見かけられるようになった。次第に宣伝部の空気が一変していった。

時を同じくして〝REBIRTH〟をスローガンに会社を変革して行く為の社内の意識改革キャンペーンが始まっていた。海外からの発想でありコンサルティング会社を入れて、社員のマインドセットを変えていこうというものだ。

「〝RIBIRTH〟プロジェクトの浸透には思った以上に時間がかかりました。経営チームとしてはもう一枚岩になっていて、コンセプトもしっかりできていました。音楽業界を取り巻く状況がこれだけ変わってきているということをしっかり理解し、攻めの体制になっていました。しかし、現場の社員にはなかなか理解が得られなかった。ネクストマネージメントということで何人かをピックアップして研修もしましたけれどもあまりうまく機能しませんでした」（市井）

そんな中、ついにコブクロ「ここにしか咲かない花」が発売される。

大阪出身の黒田俊介と宮崎出身の小渕健太郎によるデュオ、コブクロは大阪のストリートでライブ活動を始め、インディーズでリリースを開始。2001年にワーナーミュージック・ジャパンよりメジャーデビューし、シングル『YELL ～エール～/Bell』は、当時会長だった稲垣博司自ら大号令を社内にかけ、20万枚を超えるスマッシュヒットを記録した。僕らが合流した2003年はシングルセールスこそ、落ち着いていたものの、コンサートの動員は西では大阪城ホール、東では渋谷公会堂（現：LINE CUBE SHIBUYA）をソールドアウト。西高東低の傾向ではあったが、コアファンにしっかり支えられた活動を行っていた。

「正直、僕は半信半疑だった」

黒田俊介は、吉田がワーナーミュージック・ジャパンに来た当時の素直な印象を語ってくれた。

「吉田社長がワーナーに来た2003年ぐらいって、コブクロにとっては激動の時期で、(レコード会社の担当者も)リリースごとにどんどん変わるし、ちょっと辟易としていました。すごい人、剛腕な人が来たっていう噂を聞いてはいたんですが」

そんな中、吉田は、〝まずは、事務所の社長に挨拶を〟ということで、新大阪行きの新幹線に乗り込んだ。コブクロの事務所は、彼らをストリートで発見して以来面倒を見ている和歌山の実業家・坂田美之助(以下、ミノスケ社長)が設立した、ミノスケオフィスコブクロ。大阪にあるワーナーミュージック・ジャパン西日本オフィスで行われるコブクロスタッフ会議に参加するミノスケ社長に会いに、そこまで出向くということが大事だった。

吉田は新幹線の中で、デビュー当初から彼らの魅力を認め、直訴して担当になったという熱心な制作マンから渡されたCD—Rをおもむろに取り出し、ウォークマンで聞き始めた。

彼らの代表曲をインディーズ時代のものを中心に、丁寧にまとめた試聴用の音源だった。車窓を眺めながら1曲目を再生した吉田の心は一気に鷲掴みされたという。

〈名もない花には名前を付けましょう　この世に一つしかない／冬の寒さに打ちひしがれないように　誰かの声でまた起き上がれるように〉

思わず涙が流れた。

吉田は、この「桜」という楽曲が彼らが出会って初めて作られた曲であり、メジャーデビューシングル曲を「YELL～エール～」にするか、「桜」にするか最後まで迷ったと聞く。そして〝コブクロは僕が売ります〟と宣言したのもこの会議だった。吉田の中に閃くものがあったのだろうと思う。それは、ワーナーミュージック・ジャパンに来て初めての閃きだった。

小渕健太郎は吉田に対して、黒田とは対照的な印象を持ったようだ。

「ちゃんと音楽の話ができる人が社長で来たという印象を持ちました。クリエイティブを直々にかじ取りをしている。ちゃんとイメージがあって、その届け方を明確にもってらっしゃる

ので、すごく刺激も受けたし、それを乗り越えなければいけないんだと思いました」(小渕)

当時のコブクロのマネージャーだった、三浦一輝(現：ソケッツ)は語る。

「実は、コブクロはレーベルの移籍を検討していました。当時のワーナーはRIP SLYME、KICK THE CAN CREW、スケボーキングとヒップホップ系のアーティストが主流になっていて、居場所がなくなっていたように感じていたこともあって。しかし、ワーナーの社員から「デフスターがワーナーに来る！」という情報を知らされ、〝その新体制に賭けてみるかと移籍を踏みとどまりました」

吉田は、メディアに強いA&Rとして、RIP SLYMEやBONNIE PINKのアーティスト担当だった阿部直樹(現：日本コロムビア)をチームに入れ、制作担当とタッグを組ませた。

「僕は、A&Rとは事務所だったり、アーティストサイドの意向に寄り添いながら、状況を整える役割だと認識してました。敬さんは、個性の強い制作担当とタッグを組ませることで、状況をより良くしようとされたんだと思います」

吉田のコブクロのプロモーションには、どんどん熱がこもっていった。ワーナーミュージック・ジャパンの社長就任以来、新たなアーティストのブレイクが達成できていない中で、自らが陣頭指揮を執りヒットを作るということを、コブクロで実践しようと決意したのだと思う。そして、ついに2005年4月スタートの日本テレビ系ドラマ『瑠璃の島』（主演：成海璃子）で主題歌を獲得することとなる。メンバーは実際にドラマの舞台となった沖縄の離島・鳩間島に赴き、楽曲を書き下ろす。

「主題歌が決まってからドラマのプロデューサーと引き合わされて。その場で是非、鳩間島に来てくださいとお誘いがあったんです。さすがにそれはスケジュール的に厳しいやろと思ったら……小渕が〝是非現地見たいです！〟って。マジかよと（苦笑）」（黒田）

本来、鳩間島には石垣島まで飛行機で行き、その後フェリーで45分という長旅。島にホテルはなく、民宿も温水の出が危ういという過酷な場所だった。

「船の定期便がなくて、漁船で行ったんですよ！漁船って言っても、ちゃんとした漁船とは違いますよ！イカ釣り船にエンジンが付いてるような（笑）」（黒田）

「黒田が右に乗ってたら、〝（船が）右に曲がるからもうちょっとこっち！〟って言われて、乗る

位置を微調整したりしました（笑）」（小渕）

小渕が島で撮影した1枚の写真。そこに映っていたランタナという花。そこから着想を得た渾身の曲が主題歌となった「ここにしか咲かない花〞」である。苦難の旅の末、できた曲に待っていたのは吉田からのダメ出しだった。

「吉田社長の表情が聴いた瞬間パッと曇って。あんなダメ出しをされたことが初めてだったし、まだその時は信頼関係もできてなかったので、全然受け入れられなかった」（黒田）

「今と1コーラス目のサビと構成が全然違ったんですよ。最後のサビの形は今の形なのですが、デモは少しずつメロディを盛り上げて最後にドカーンと盛り上がる構成になっていて。大きい波は最後だけでいいと思っていたのですが、1コーラス目にも2コーラス目にもサビの盛り上がりがほしいと」（小渕）

2人は、吉田からの修正要請を断った。しかし、吉田は諦めなかった。後日、2人を訪ねて〝やっぱり何とかしてくれ〞と直談判。2人が何度断っても彼らの元を訪ねて〝とにかくこっちの方がよい、絶対こっちの方がよくなるから〞と譲らなかったという。

「吉田社長の意見を受け入れて、構成を修正しながらできあがった曲は、ジープにフェラーリのエンジンを積んで羽が生えているかのようなコテコテの曲やなーって一瞬思ったんです。〝これは違う。曲というのは憂いがあるものなんだ〟と。でもその曲を聴かせたら、そこにいた全員が拍手喝采で。〝これでいこう！〟となった」（小渕）

「僕ら、吉田社長とそうやってお仕事をさせてもらうまで紆余曲折あって、セルフプロデュースという道を選んで、〝これから自分らで道を切り開いていくんや〟っていう時に、いきなり方向修正されたんですよね。今までにないようなやり方を見て〝この人何者なんやろ〟って正直、僕は『ここにしか咲かない花』でのやり取り一発で、目が覚めましたね。そんな人おるんやなって思いました」（黒田）

こうしてコブクロが初めてドラマ主題歌として楽曲提供した「ここにしか咲かない花」は吉田自らが主導する形で書き下ろされた。

ドラマの方も、これが初主演となる当時12歳の成海璃子の鮮烈な演技とともに話題となり、主題歌にも波及。スマッシュヒットとなった。

吉田自らが陣頭指揮を執った最初のヒット曲として「ここにしか咲かない花」は、ワーナーミュージック全社員に最初のインパクトを与えることとなった。1曲のヒットが社内のムードを変え、経営陣が掲げた〝REBIRTH〟が少しずつ結実していくことになる。

こうして、ブレイクのきっかけをつかんだコブクロにとって、次のシングルが重要だった。ある日、吉田のいる社長部屋を訪れたメンバー自らが、吉田に申し入れた。

「『桜』でどうですかね？って僕が言ったんですよ。そしたら目がキラッと光って〝それ、ええんちゃう？それでええんやな〟と念を押されて」（黒田）

「『ここにしか咲かない花』を作る過程とか、出来上がった感じを聴いたときにこれが受け入れられるんやったら、もしかしたら『桜』も受け入れられるかもしれないなと。求められている楽曲の一つのアレンジの仕方を僕と黒田で完璧に覚えたのが『ここにしか咲かない花』だったんですよ」（小渕）

事態は急激に動き出す。「桜」は2005年11月2日にシングルリリースすることになった。あえて桜が開花する春ではなく、冬の時期に「桜」をリリースするのは、「冬の寒さに耐えて開花を目指す」この時間が大事だからだ。

そして、河口恭吾の「桜」（２００３年12月10日発売）を売ったワーナー宣伝部には、冬の桜ソングのプロモーションに経験値があった。

吉田の指令で宣伝部を体育会系の組織に変革しつつあった、当時宣伝課長の竹本現が社長室に呼ばれた。

「サザンを抜くぞ！」

竹本は、吉田が何を言ってるのか最初はよくわからなかったという。

コブクロの「桜」のラジオオンエア回数を、その当時ラジオで一番オンエアされているアーティスト、サザンオールスターズを超えろというメッセージだった。

「何回まわせるんだ？」

発売前と発売週で全国で５００回オンエアすれば、サザンオールスターズの新譜の時にかかるオンエア数を超えることができる。当時のコブクロにとっては途方もない数字だった。気がつけば社内には「We Can 500」という横断幕が作られていた。

「僕らもその横断幕の前に呼ばれて。吉田社長が全社員を前に陣頭指揮を執ってくれて。〝500回この期間にラジオでオンエアするんだ！えいえいおー!!〟みたいな。僕らも〝よろしくお願いします！〟って挨拶して」（小渕）

「僕は正直、500という数字がどれくらいのものかわからなかったんですよ。でも〝それを絶対にやるから、絶対に〟っていうのが、吉田社長の今まで出会ったどの人とも違う部分。あれで信頼関係が生まれた感じがあるんですよね。有言実行の人に初めて会った」（黒田）

竹本は、もう後戻りはできないと覚悟を決めた。

「あらゆる手段を使おう」

「連帯責任でやろう」

オンエアにつながる全てのことは何でもトライした。そして、各プロモーターに自分のノルマが終わったら、他の局のオンエアを手伝わせた。吉田から、〝各担当者のオンエア回数を棒グラフにして貼りだせ！〟と命令されたが、竹本は、従わずに、あくまでも全体で500回いくことにこだわった。

個人主義の外資系宣伝部がチーム戦を戦う宣伝部に変えることが一番の狙いだった。

「結果が全てと言い切る敬さんを結果で見返したかった」(竹本)

結果、「桜」は見たこともないオンエア回数を記録した。

目標だった500回/2週に対して800回/2週、「We Can 500」を大きく上回る「We Can 800」を達成することができた。当時竹本が体育会系の宣伝部を確立した瞬間だった。

「敬さんはドラマだったり、テレビだったり大技を使うイメージだったのが、ここ一番で媒体のベーシックであるラジオで楽曲を盛り上げようとしたところが、二重の意味で凄いと思いました。地方も含めた全プロモーターが動くことで、みんなで売るぞという一体感が生まれたこと。そしてヒットが生まれたとき、〝自分が売った!〟という自信につながったこと。人を巻き込むのが本当にうまいなと感心しました」(阿部)

僕は、目の色を変えて頑張る宣伝部を横目に、どうしたら「桜」のヒットに貢献できるかを模索した。吉田からは「桜」のテレビCMスポットのアイデアを求められた。宣伝企画部もその存在意義が問われる瞬間だと思った。もう一度原点に還ろうと思案した。

宣伝企画部をはじめるにあたって、僕にはもう一人の師匠が必要だった。吉田は、ドラマには強かったがCMのタイアップは、また違うベクトルがいると思ったからだ。デフスター時代から深く付き合っていた事務所、研音にはマネージャーだけでなく各部門のスペシャリストがいた。スポーツ紙担当の氣田武には、そのノウハウを叩き込まれ、スポーツ紙〜ワイドショーという仕込みをするときに、どうスポーツ紙に向き合えばよいかのその道筋と仕切り方のアドバイスを受けていた。そんな氣田から、〝ウチにはCMのスペシャリストもいるんだよ〟と当時教えてもらったことがある。

それが、僕のCMタイアップでの師匠、小畑博だ。研音のグループ会社で役者のキャスティング業務などを行うケン企画に所属していた小畑は唐沢寿明と山口智子のキャスティングを一手に引き受け、CM業界に影響力をもっていた。

小畑は〝CMはクリエイティブ（広告制作を仕切るクリエイティブディレクターやプランナーなどのクリエイティブチーム）が命だぞ〟と言って、大量の名刺をコピーしてくれた。それを宣伝企画部のメンバーで1人ずつ、つぶしていきながら、人脈を広げていくことからスタートすることができた。そんな小畑からは、いつも、今が旬のクリエイティブディレクターの情報を入手していた。ワーナーミュージックからデビューする新人のテレビスポットのために唐沢寿明をキャスティングしてくれたこともある。

コブクロ「桜」のテレビスポットのクリエイティブは、前出の小畑からの紹介もありつつ、電通担当の関谷のコーディネートで、当時電通のCD（クリエイティブディレクター）今永政雄、PL（プランナー）志伯健太郎、C（コピーライター）神山浩之というチームにアイデアを求めることにした。

そのクリエイティブチームも、吉田が反応した桜という花の特性〝冬の寒さに耐えて開花を目指す〟という部分に着目した。

そして、生み出されたキャッチコピーは「一瞬のためなら、一生生きられる」

はかなく散るからこそ、一瞬の輝きに魅了される。楽曲の世界観にも寄り添いつつ、桜を美しく感じる日本人の普遍的な心情と絶妙にリンクしている素晴らしいキャッチコピーだと思った。

絵コンテとともに、吉田にプレゼンした。

「〝桜〟は誰に向けて売るんだ？」

「全ての世代です」

全ての世代ということで、10代、20代、30代を代表する役者をキャスティングし、それぞれが主人公を演じる3バージョンのCMを制作することとなった。

「いいコピーだな」

キャッチコピーを気に入ってくれた吉田は、自ら動き、成海璃子（10代）、速水もこみち（20代）、天海祐希（30代）をキャスティングすることに成功した。豪華キャスティングによるこのテレビスポットは話題を呼び、各情報番組で取り上げられた。いま思うとこのコピーは、吉田の生き方そのものともシンクロしているような気がした。

「衝撃でした。ある日、吉田社長の部屋で〝ちょっと見てくれる？〟って。何が始まるのかと思ったら〝今度CMスポット打つから〟って。（完成したCMを見せられて）何の相談もなしにこんな作る人おんの！？って驚きました。〝これは宣伝だからアーティストに口を出されたくない〟っていうスタンスで。そんなやり方する人、それまで見たことがなかったから戸惑いましたね。でも出ている人や世界観も文句のつけようがなかった」（黒田）

「We Can 800」を達成した竹本は、ここが勝負だと感じた。自らフジテレビ担当時代に築いた強いパイプを積極的に活用した。発売タイミングに『めざましテレビ』でパフォーマンスすると、直後の『とくダネ！』のオープニングトークで総合司会の小倉智昭が『めざましテレビ』でのコブクロのパフォーマンスを讃え、自分がいかにコブクロというアーティストが好きかを熱っぽく語ってくれた。

『とくダネ！』はコブクロのデビュータイミングの大阪心斎橋でのストリートライブの模様を取材した、初の全国ネット番組だった。コブクロを最初に見つけたのは自分たちだという強い自負があったのかもしれない。出演が終わり、楽屋でテレビのモニターを見ていた三浦は今がチャンスだと思って、竹本に声をかけた。

「メンバーから直接、小倉さんにＣＤを渡しにいきたいです！」

顔見知りのスタッフに直接交渉し、なんとCMタイミングにスタジオに行って小倉にメンバーが直接CDを渡す段取りをとりつけた。本番中のスタジオにCDを持って急襲した。出演者とスタッフにとっては嬉しいサプライズとなった。CM明けには出演者全員がコブクロの「桜」のCDを手に持っていた。小倉が思わず口にした。「ウチの番組でも歌ってよ!」

こうして、コブクロの番組凱旋となる「桜」の生パフォーマンスは実現した。『とくダネ!』効果で一気に数字が動いた。「ダメ押し」「勝負あり」の瞬間だった。

そして、「桜」にはもう一つのサプライズがあった。

「マネージャーをお受けするきっかけとなった方に〝あの桜をいよいよシングルリリースすることになりました〟と〝桜〟の完成盤CD―Rを渡していたら、それがフジパシフィック音楽出版(現:フジパシフィック・ミュージック)のドラマ担当のプロデューサーに届いていた」(三浦)

フジパシフィック音楽出版はフジテレビのタイアップをコーディネートする業務を担う音楽出版社であり、日常的に番組プロデューサーと接点がある。

ある日、突然ワーナーミュージックに1本の電話が入った。社長室にもその報告が届いた。

「来年1月クールのフジテレビのドラマで〝桜〟を使用したいと連絡が入りました」

吉田も狐に包まれた表情で、最初はそんな話があるかと取り合わなかったという。

そのドラマは火曜21時の枠で主演はホリプロ所属の石原さとみ。『Ns'あおい』というドラマだった。吉田は早速、旧知の菅井にも問い合わせてみた。ところが、当時ホリプロ映像事業部の責任者になっていた菅井も最初は状況を把握していなかったという。

毎回、苦労して獲得するドラマ主題歌が、先方からもたらされるという幸運。苦労してきた吉田だったからこそ、にわかには信じられなかったんだと思う。フジパのプロデューサーから聞かされた〝桜〟に反応したのはフジテレビ編成の金井卓也だったという。冬の桜は、春のタイミングでドラマ主題歌という形で〝開花〟した。

「桜」のロングヒットが牽引する形で、その年の12月にリリースされたアルバム『NAMELESS WORLD』は、ミリオンを達成。悲願の『NHK紅白歌合戦』初出場も果たした。

その頃NHK担当を兼務していた池田は、紅白出場決定の連絡を受けて、それを吉田に報告すると〝よしっ！〟と一言だけ、告げられて電話を切られたという。

「今まではどこかで自分らだけの力でやってきた感じだったのが、あの時初めて（ワーナーミュージック・ジャパンの）社内の盛り上がりを見て〝こうやって売ってもらうんや。レコード会社の人って売るんや！〟って。売るってこういうことなんだと初めて体感しましたね」（黒田）

われわれは、ワーナーミュージックに来て初めて、格別の思いで年末を過ごすことができた。

「REBIRTHといっても、結局、コブクロのヒットとボーナス（業績賞与）の支給などの具体的な事象が社員のマインドを徐々に変えていったような気がします。そして、その最終成果となったのが全社一丸となって実施した第1回ワーナーミュージック・ジャパンインターナショナルコンベンション〝HEAT SEEKERS〟であったと感じます」（市井）

吉田の描いた次の一手は、デフスター時代から強い絆と信頼関係で結ばれていた芸能事務所、研音とタッグを組んでの新人アーティストの売出しだった。すでにYUIなどの女性シンガーソングライターを輩出していた音楽塾ヴォイス（主宰：西尾芳彦）の福岡校に物凄い逸材がいるとの情報をキャッチした吉田は、各社との争奪戦を制し、2006年1月のデビューを決めていた。そのアーティストこそ、翌2006年2月1日にTBS日曜劇場『輪舞曲』(主演：竹野内豊、チェ・ジウ)主題歌「I believe」でデビューすることになる絢香である。

しかし、竹本は絢香に対する最初の媒体の反応は冷ややかだったという。

「吉田さんも焦ってるね」

デビューシングルでいきなりドラマ主題歌デビューのシンデレラストーリーは〝焦り〟と捉えられていたのだ。コブクロのブレイクだけでは、まだまだメディアは半信半疑なところがあったのだと思う。

そして、絢香を語る上で吉田が担当に任命したA&Rの四角大輔のことを話したい。

「絢香はドリカム(DREAMS COME TRUE)、ミスチル(Mr.Chrdren)の櫻井和寿さん、平井堅を歌手としてリスペクトしていました。特に平井堅の〝Love Love Love〟という曲が好きだと言ってました。そこに縁を感じましたね」

四角は、ソニーミュージックに新卒で入社してすぐに、札幌営業所にセールスとして赴任。そこで、彼のモチベーションを刺激したのは、平井堅の存在だった。

「僕はその頃、レコード店をまわる1セールスマンでしかなかったのですが、平井堅の声に魅了され無我夢中で売り込みました。北海道のチェーン店である、玉光堂の石川千鶴子さんに旗をふってもらって、彼女の人脈で店頭展開を徹底して、メディアにも売り込み、札幌営業所のレシオ（売上のシェア）を全国の30％までに引き上げた。最初は〝何勝手にやってんだ〟って怒っていた先輩たちも、その結果に可能性を感じてくれて営業所をあげてさらにプッシュ。僕の担当領域であるお店はもちろん、地方誌やローカルの有線放送、コミュニティFM、書店など、本人、マネージャーと一緒に挨拶周りをするという全道キャンペーンを敢行した」

通常の札幌営業所のレシオは全国の4％程度。北海道からブレイクしたといわれる、古内東子が15〜20％前後だったことを考えると、この数字は驚異的だった。そんな中、主要媒体を招いた、平井堅の感謝パーティが行わた。そこに、吉田も現れたという。

「札幌でも敬さんの名前は轟いてました。電波少年の爆風スランプも、「LA・LA・LA LOVE SONG」もセールスとして受注したし、どんな人が来るのだろうと緊張した。パーティに現れた敬さんは、色のついた眼鏡をかけ、愛想も悪く、怖い人だなという第一印象で、そのときはけっきょく挨拶しかできず、話しかけることができませんでした」

その後、四角は本社に異動となり、国内販売促進部に所属。ラジオ担当としてメディアプロモーションをするかたわら、兼務でTプロジェクトのアーティストのサポート業務もやることになった。引き続き平井堅の仕事は夢中になって取り組んだが、TUBEの業務にはどこか及び腰だったという。

「ある日、厳しい表情の敬さんに、〝優先順位を考えたほうがいいぞ〟とボソッと言われた。途切れた期間もありつつ、けっきょく僕は、敬さんの元で10年働くことになりますが、それが唯一の怒られた記憶です」

平井堅の「Love Love Love」のレコーディング現場にも立ち会った。本人がゴスペルをやりたいという強い願いを実現すべく、敢行されたレコーディング現場。

四角のアイデアで日本を代表するゴスペルグループ、Voice of Japanと共演した荘厳な表題曲となった。

そのレコーディング及びCDジャケットとMVの制作に携わった後、四角は別部署に異動になり、吉田との接点は途絶えたかにみえたが、ある日、突然電話がかかってきた。

「お前が言ってた、平井堅がアポロシアターで歌うアイデア、何とか(実行)しろ」

別部署で働いていた四角へのムチャブリだった。

「敬さんは、飲みの席でプロモーションのアイデアや今狙い目のタイアップの話などが話題になったりした翌日、ホワイトボードをみると、そのアイデアを実現するために相手先に直行するみたいなことが多々あった。飲み会だけのよもやま話に終わらせず、良いと思ったら翌日にはその道筋をつけていた。アポロシアターの話も僕がアイデアとして当時よく口にしていたが、まさか突然ふってくるとは」

こうして、平井堅は黒人音楽の殿堂といわれるニューヨーク、アポロシアターのアマチュアナイトに日本人初としてゲスト出演した。その模様はスポーツ紙、ワイドショーを通じて日本のメディアに伝わった。また、四角の所属する部署の仕事にもうまく絡めて、日本初となるネット生配信が実現したり、後にCS音楽チャンネルでの特番も実現した。

この一連の露出は、「楽園」でブレイクした平井堅のアルバム『THE CHANGING SAME』のプロモーションに寄与し、大ヒットにつながる成果を挙げたのだ。それをコーディネートしたのが四角だった。しかし、その頃の彼は、〝自分には向かない〟と音楽業界での仕事に見切りをつけ、夢に向かって動き始めていた。フライフィッシングのセミプロとしての活動をスタートし、ニュージーランドに居を移そうと永住権獲得の準備をしていたのだ。

「(断ったんですけど)デフスターに結局、呼ばれてしまいました」

吉田は、大谷がデフスターに異動してくるタイミングで、四角を呼んだ。アイデア豊富で行動力もある。ロジカルかつセンスを感じさせる若手として、吉田は札幌営業所の頃から目をかけていたんだと思う。こうして、四角はCHEMISTRYの現場A&Rとして大谷とタッグを組むことになった。

「CHEMISTRYの歌声を聴いたら、全身鳥肌がたった。平井堅以来の衝撃だった」

松尾潔のプロデュース術を間近で学びながら、制作現場を勉強し、プロモーションプランを練った。チーフの大谷が社内の各部門をしっかり巻き込んで売る体制を作ってくれたことで、自分はビジュアル周りやメディア戦略、新機軸のプロモーションに集中できたという。

彼はよく〝黒岩さん、タイアップを超えるタイアップって何だと思いますか?〟と僕に質問してきた。答えに窮していると、〝それは世間とのタイアップです!〟と断言した。CHEMISTRYの躍進はまさにこの世間とのタイアップが成立していて、その追い風をもとに、様々な施策が成功していく。その積み重ねの連続だったと思う。彼はアーティストブランディングについても強いこだわりをもっていた。

ファーストアルバム『The Way We Are』の発売直後の年末、FM802とスペースシャワーTVで同時生中継したCHEMISTRYが神戸の教会でマイクやスピーカーを使わずに生歌でパフォーマンスしたNON-PA LIVE番組『CHEMISTRY X'mas IN PEACE』は彼のアーティストブランディングの真骨頂だと思う。

そんなデフスター時代の彼は、非常識と思える大胆な施策やアーティストのブランドを守るがために妥協を許さない姿勢が多く、宣伝の現場やマネージメント、場合によっては制作チームとも摩擦が多かったが、吉田はその軋轢をむしろ好んで使っているような節があった。いま思うと、タカシイズムの究極系を彼が体現していたともいえるような気がする。我々が抜けた後のCHEMISTRYサードアルバム『One × One』のリリースを終えて、彼はワーナーミュージックに1年遅れで入社した。

僕よりも、さらに若い年齢で制作部長として、入社することになった、四角にも僕以上に苦労やストレスが多かったと思う。ある日、彼は吉田にこんな直訴をする。

「部長職を辞し、現場A&Rに戻って、自らアーティストを担当したいと言いました。降格してもらっていいし、給料も下げてもらってかまわない。結果が出なければ辞めます」

その直訴が認められた後、ほどなくして彼は絢香に出会う。彼は絢香の音源を聴き、その歌声に、平井堅、CHEMISTRY以来となる強烈な魅力を感じたという。

各社との争奪戦を制して絢香を獲得していた吉田は、四角を絢香の一現場担当にすることを即決。そこからの四角の動きは、水を得た魚のように早かった。

そんな彼はとても潔く見えたし、僕も現場に復帰した彼とは、CHEMISTRY以来の久々の〝タッグ〟となるので、心躍る気分だった。ワーナーミュージックでのキャリアが少し長い僕としては、誤解を受けやすく、常に敵を作りがちな彼の言動をマイルドに翻訳することをまずは心がけた。

四角は新鮮かつアーティスティックな登場感を演出するのに奔走する。そこで彼が実践したのは、デビュー前にMVを制作し、日本より先行する形でアジアの10カ国のMTVでのパワープレイを獲得。それを日本人アーティスト初の快挙として、〝逆輸入〟される形で日本のメディアを賑やかす手法だった。そして、そんな彼女のデビュー曲は日本と韓国のトップ俳優が出演するドラマ『輪舞曲』の主題歌に抜擢される。これで彼女の登場はより鮮烈なものとなった。

一方、吉田は、そんな絢香の歌の魅力をデビュー前にメディアにしっかりと伝えたいと考えた。その舞台設定をどうするか悩んだという。単なる新人のショウケースライブにとどまらない仕掛けとして注目したのは、ワーナーミュージックの〝洋楽が強い〟というブランドイメージだった。邦楽だけにとどまらず、洋楽のプライオリティアーティストをメディアやディーラーにプレゼンテーションする場を作りたい。ワーナーミュージックのカタログの豊富さをアピールし、ビッグアーティストの今後の活動方針に加え、新人のショウケースとして場を活用する、そんなワールドワイドなスケールのコンベンションを都内の大会場、東京国際フォーラムをおさえて華々しく実施する。前代未聞の規模のコンベンションだった。とにかく会場のキャパを埋める媒体を呼び込まなければいけない。

「吉田さんは、各アーティストのライブに誰を招待しているかを大事に考えていた。ライブが終わると芳名帳を確認して、毎回誰が来たかを確認する。吉田さんがそこに納得していないとその担当を呼び出して、〝お前全然誰も呼べてないじゃん〟と怒る。ライブの呼び込みに対して重きをおいていた人なんです。その集大成がこのコンベンションだった。今回の宣伝部、宣伝企画部の評価はこのコンベンションの呼び込みの結果にしますと宣言されたようなものだった」(関谷)

竹本率いるメディアチームはもちろん、主要媒体を取りこぼしなく呼ばなければいけなかったし、吉田からは、『めざましテレビ』の軽部真一や『とくダネ!』の小倉智昭などのアナウンサーやMCも呼ぶようにプレッシャーがかかったという。われわれ宣伝企画部も会場のキャパを考えて青天井で呼び込みをした。CMでは、代理店のクリエイティブディレクター、プランナー、コピーライター、クライアント担当営業にもくまなく声をかけたし、吉田からは企業の宣伝部にも直接アプローチするように指示された。それに加え、映画会社やドラマの制作会社のプロデューサーやキャスティング担当にも徹底的に声をかけた。東京の媒体はもちろん、地方の媒体にはアゴアシ代（交通費、宿泊費）を負担してでも、呼び込む。営業部は同じように各地の主要ディーラーにも声をかけた。そんなことから、会場には邦楽・洋楽の制作・宣伝・営業のほぼ全スタッフに加え、地方営業所のスタッフ、そして管理部門のスタッフまで集結して事にあたった。

会場には長テーブルが並べられ〝交通費の精算カウンター〟なるものが設けられた。地方の媒体も交通費・宿泊費を会社側が負担しての呼び込みとなったので、その〝精算カウンター〟はその場で費用を現金精算できるというものだった。市井の指揮の元、バックオフィスのメンバーがそれこそ一丸となって行なった。制作、宣伝、営業だけにとどまらずバックオフィスのメンバーもコンベンションの成功に尽力した。

まさに〝REBIRTH〟が体現され完了した場となった象徴的な光景だった。

このために来日した洋楽アーティストのパフォーマンスが終わった後、吉田自らマイクを握り、絢香のプレゼンテーションを行った。ヒットメーカーとして業界内で認知されていた吉田の言葉には熱があり、説得力に満ちていた。ここで話された宣伝計画も具体的で緻密だった。そして絢香を呼び込んだところで、会場が暗転した。

当日会場に来ていた、研音のオーナーである〝BOSS〟こと野崎俊夫はその時の様子を後にこう語ってくれたことがある。

「(絢香のパフォーマンスが終わったあと)会場がシーンと静まりかえってたんだよ。一瞬〝あれ?〟って思ったんだけど、その直後、地響きのような歓声と拍手が起こった。あんな経験初めてだった。拍手を忘れるぐらいすごいパフォーマンスだったってことなんじゃないかな」

その会場に、当時のKDDI宣伝部長だった村山直樹の姿もあった。着うた®効果でキャリアの売り上げも順調な中、着うた®の新サービスLISMOの宣伝を仕切っていた村山は、このコンベンションで絢香がパフォーマンスした「三日月」を、後のLISMOのキャンペーンソングに起用することになる。

ドラマ主題歌のデビューシングル『I believe』は10万枚を超えるスマッシュヒットを飾り、CMソングとなった3枚目のシングル『三日月』が大ヒットし、絢香のブレイクを牽引していく。こうして、絢香のファーストアルバム『First Message』はミリオンを達成。第48回レコード大賞最優秀新人賞を獲得した。

コンベンションで、自らの発信で絢香を売り込み、その結果としてミリオンヒットを達成。それまで冷ややかだったメディアも、認めざるを得ない圧倒的な結果となった。

吉田は有言実行の人、稀代のヒットメーカーとしての存在感を一気に内外に示すようになった。

そんなコンベンションが終わったある日、四角から、こんな相談をされた。

当時、トリノオリンピックに向けた期待のフィギュアスケート選手として注目を浴びていた安藤美姫は１９８７年12月18日生まれ。絢香と生年月日が一緒だった。

２００６年２月にデビューする絢香と２月に開催されるトリノオリンピックと、人生で一番大切な勝負のタイミングまでが偶然一致していた。そこに運命を感じ、絢香の希望もあり安藤美姫に絢香のデビュー曲「I believe」のＣＤと手紙を渡したいという。そのベストな渡し方のアイデアを求められたのだ。

各方面をあたったが、なかなか良い方法にたどり着けない。そんな中、NHKのフィギュアスケートのニュースを漠然と見ていて、アイデアが浮かんだ。

「NHKの報道が一番近いんじゃない?」

そこからの四角の行動が早かった。実は彼には心当たりがあったのだ。

誰よりも早くデビュー前の絢香に反応したTVのキーパーソンがいた。それがNHK報道局の右田千代だった。右田は、当時まだ全くの無名だった絢香を、四角の仕込みでメディア初露出となった雑誌『ぴあ』の見開きの記事を見て、四角に直接連絡してきた。それがきっかけで、「三日月」が『未来観測つながるテレビ@ヒューマン』のテーマ曲として、翌年の1月から使用が決まっていたのだ。その報道人脈のツテをたどり、複数の関係者に手紙と音源が渡った。その1つが安藤美姫に届いたのが全日本選手権大会の本番直前だったという。安藤美姫は「I believe」をその日の本番直前まで何度も聴き、「I believe =自分を信じることからすべてが始まる」という歌詞のメッセージが、それまで、不調に喘いでいた彼女の心の支えになったという。このことがきっかけで、2人の交流が始まった。

そして、無事トリノオリンピックに出場を果し、その後の大会でのエキシビジョンで「I

believe」による演技を披露することになる。こうして、ドラマ主題歌としてリリースされたデビューシングル『I believe』には、新たなストーリーが加わり、安藤美姫選手の活躍を通して、「世間とのタイアップ」が具現化していく。そして、安藤美姫選手はファーストアルバム『First Message』の発売週に、奇跡の復活劇ともいえる世界大会優勝を果たす。彼女の「I believe」による演技が全メディアで大きく報道され、世間を揺るがした。さらに2007年には、世界フィギュア優勝を受けて、リンクでの感動の生歌コラボが実現し、その模様は日本中へ報道されて多くの人の記憶に残ることになった。

再会がヒットの連鎖を生む

コブクロ、絢香の連続ミリオンヒットとともに、社内の状況は一変した。A&R体制が機能し始め、ワンチームとなった宣伝部が、強力に楽曲プロモーションを推進した。僕の宣伝企画部も、その役割が理解され始め、タイアップチームだけにとどまらず、社内の大きなプロジェクトの推進役を任されるようになっていった。そんな吉田が次に目をつけたのは映画主題歌である。

2004年5月に公開された東宝映画『世界の中心で、愛をさけぶ』(監督：行定勲、主演：大沢たかお)は85億円の興行収入をあげ、いままでの邦画の常識を覆すエポックメイキングな作品となった。洋高邦低といわれた映画業界が、この作品から邦画作品が興行の中心となり、洋画とのシェアが逆転していくきっかけを作ったということもあったし、音楽業界からすると主題歌の「瞳をとじて/平井堅」がオリコン年間1位を獲得する大ヒット曲となったのが衝撃的であった。その後、『いま、会いにゆきます』(監督：土井裕泰、主演：竹内結子、中村獅童、主題歌「花／ORANGE RANGE」）が続き、さらに熱い視線が注がれるようになった。そんな流れの中、映画界の一角に、石田雄治がいた。石田は『告白』（2010年）（監督：中島哲也、主演：松たか子）や『八日目の蝉』（2011年）（監督：成島出、主演：井上真央、永作博美）など、興行的にも成功を収め、その年の国内映画賞を独占するような話題作を次々と手掛ける日本映画屈指のプロデューサーだ。彼のキャリアを遡ると、そのスタートはCBS・ソニーに1985年に入社するところから始まる。つまり、敬さんと同期入社なのである。石田はCM出身の中島哲也長編初監督作『下妻物語』（主演：深田恭子）をプロデュースし、業界の注目を当時集めていた。

「吉田くんと再会したのは、同期会以来だったかな。同期の中で彼が一番の出世頭で雑誌などのインタビューをみて、あの吉田が！とみんなが驚いていた。新入社員研修でも目立ってなかったし、強烈な個性を押し出して輝いている同期達のなかでは地味で真面目な印象だったから、すげえなってみんなで話していたのを憶えている」（石田）

石田はソニークリエイティブプロダクツに配属され、映画会社のGAGAに転職後、ポニーキャニオンを経て、アミューズソフトエンタテインメントという会社に所属し、中島哲也監督の次回作『嫌われ松子の一生』を準備していた。

「音楽映画という構想だったので、実際のミュージシャンを何人かキャスティングする必要があった。ワーナーというグローバルな会社で吉田くんがまとめて引き受けてくれるなら、いけるんじゃないかと思った。（ワーナーのある）青山ビルの社長室を訪ねて、打ち合わせをしているときに、ふと壁をみるとBONNIE PINKのビジュアルが目に飛び込んできた」

石田はポニーキャニオン時代、BONNIE PINKデビュー時の宣伝担当をしていた。スウェーデンのポップグループ、カーディガンズのプロデューサー、トーレ・ヨハンソンを起用し、赤い髪というビジュアルで、ほとんど英語詞のシングル「Heaven's Kitchen」で一躍脚光を浴びた時期をともに過ごした石田が、その後映画業界に身を投じ、巡り巡って活動10周年となる、このタイミングでの再会となった。運命的な再会である。吉田とともに、BONNIE PINKの所属する事務所タイスケの社長、森本泰輔を訪ねた。

「カオリちゃん（BONNIE PINK）がソープ嬢の役やって？それはおもろい！昔から汚れ役は得するっていいますがな！」

石田との再会を喜んだ森本は快諾してくれた。

『嫌われ松子の一生』は中谷美紀演じる主人公・川尻松子が転落人生を歩む悲劇的なストーリーだが、ＣＧを駆使したファンタスティックなミュージカルシーンが挿入される中島哲也ワールド全開の作品。

BONNIE PINKの役どころはソープに転落した松子とタッグを組む綾乃役。普通に考えたらあり得ないキャスティングだが、森本の感性に響く何かがあったのかもしれない。こうして、松子が入る刑務所の囚人役にＡＩが、超人気シンガー役で木村カエラもキャスティングされ、中谷美紀も含め、それぞれがオリジナル曲を劇中でパフォーマンスした。また、ワーナーミュージック洋楽のプライオリティアーティストであった、マイケル・ブーブレ「Feeling Good」も挿入歌として使用されている。

コブクロのブレイクを横目で見ながら、森大輔、RIP SLYMEなどの担当をして、Ａ＆Ｒとしての修行を積んでいた鈴木竜馬は、ちょうどこの頃、自らBONNIE PINKの担当を志願した。タイスケとの関係値、アーティストとしてのポテンシャルなどから、〝次に自分がやるべきアーティストはBONNIE PINKだ〟と思ったという。

その年の年末、彼が号令をかける形で、タイスケの屋上にあるカフェで、あるパーティーが開かれた。

「とにかく、みんなの士気を高めようと思った」（竜馬）

ワーナーミュージックの制作、宣伝、営業のメンバーが集まり、〝来年ベスト盤を発売する、BONNIE PINKを売るぞ！〟という趣旨の元、決起集会が行われていた。

このパーティーの場で竜馬は、吉田にこう宿題を出されたという。

「今までボニーがやってこなかった、ベタなイベントとかやって、スポーツ紙呼び込んで（ネタにする）みたいなこと、考えてみろよ」

田畑はその頃、ウルフルズのマネージャーに戻っていて、レーベルとの打ち合わせが不毛に終わった後ということもあり、疲れ果てて会社に戻ってきていた。

「吉田社長もワーナーの皆さんも来てますよ」

他の社員に参加をうながされたが、ＡＲＣゴスペルクワイア以来となる再会に気が重かった。屋上にあがると、参加メンバーの勢いに圧倒された。

森本と談笑する吉田の姿がみえたので、意を決して声をかけた。

「吉田さん！田畑です」

「おー久しぶり！」

「その節は（売れずに）スイマセンでした」

と肩をすくめる田畑に、吉田のリアクションは意外にも優しかったという。

「もうちょっといく（売れる）と思ったけど残念だったね。また面白い企画あったら持ってきてよ！」

その言葉に肩の荷がおりた思いがした。

「たばやん、ワーナー、元気でええやろ」

森本にそう話かけられた。

今のワーナーの勢いならBONNIE PINKも、売れるかもしれないと思った。

「ウルフルズも（移籍を）考えたほうがいいんじゃないですか？」

気がつくと、そんな軽口が出ていた。森本は〝ええ？ どういうことや〟というリアクションだったという。

ワーナーミュージックは映画『嫌われ松子の一生』に出資し、製作委員会に参加した。委員会の会議には僕が参加することになった。幹事会社のプロデューサーとして、颯爽と会議を仕切る石田をまぶしく見つめながら、ワーナーミュージックの代表として、劇中使用される数ある曲のなかで、どれだけBONNIE PINKの楽曲を際立たせて映画宣伝をしてもらうか、それをどう委員会の他のメンバーに認識、理解してもらうかがテーマだった。そんなとき、竜馬は、〝どうせなら主題歌としてのクレジットをもらおう〟と僕に提案してきた。

そのために映画の試写に本人を帯同させて主演の中谷美紀とセットで全国試写を回し、ミニライブを行いたいと、東宝の宣伝部に申し入れてくれた。そのアプローチが実って、映画での扱いは1シーンだったが主題歌としてのクレジットを手にすることができた。全国の映画館で掲出される告知ポスターにも、劇場で流れる予告編にも主題歌、BONNIE PINKの名前が躍った。

そして、竜馬は吉田の宿題に応えるべく、ミニライブ付き試写会の集大成としてこんなイ

ベントを計画したという

「歌舞伎町のオオバコといわれる昔からあるキャバレーを何とか借りることができた。映画の世界観を再現する場所としてはこれ以上ない場所だった。宣伝費も限られていたので、自ら金のタキシードを着てアフロのかつらを被って司会をしました（笑）」（竜馬）

この試写イベントは反響を呼び、翌日のスポーツ紙とワイドショーを賑やかした。製作委員会のメンバーも、このレコード会社っぽいベタなプロモーションを喜んでくれた。このイベントを呼び水に映画自体の宣伝もさらに力が入っていく。

そんな委員会のメンバーには、ホリプロの菅井敦もいた。深田恭子のマネージャーだった菅井は、石田とは前作「下妻物語」を世に送り出した同志で、吉田とはお互いがテレビの局担をしていた若手時代以来の再会となった。

吉田と石田、石田と森本、菅井と吉田、再会の連鎖がこのプロジェクトをさらに風通しの良いものにしたと思う。原作サイドとして参加していた幻冬舎の小玉圭太も月刊カドカワ時代に雑誌担当の吉田と会っていたという。吉田の築き上げてきた人脈の集大成がこの製作委員会にあったような気がしてならない。

映画『嫌われ松子の一生』はスマッシュヒットし、初めて製作委員会に参加したワーナーミュージックとしても委員会収入が入り、プロジェクトとしても成功を得ることができた。そして、BONNIE PINKは主題歌「LOVE IS BUBBLE」の映画と連動したパブリシティが牽引する形で、注目を集め、その次にリリースされたシングル『A Perfect Sky』が資生堂アネッサのCMに使われ、大ヒットとなる。

「クリス・ペプラーさんの知人がCMの音プロ（音楽制作会社）をやっていて、クリスさんが、資生堂のアネッサのCMソングにBONNIE PINKを推してくれた。その時大人気だった〝エビちゃん〟こと蛯原友里が大胆な水着姿で登場する鮮烈なCMだった。そこで、CDの初回は採算度外視して2形態でリリースしました。限定盤はアネッサを買ったらもらえるレジャーシートを付けて、ジャケットも蛯原さんの背中が大きく開いた水着の後ろ姿の写真を使わせてもらった。いわゆる背中ヌード。それが受けて、オリコンのデイリーチャートの上位にいきなりランクインした」（竜馬）

ロングヒットした『A Perfect Sky』で、BONNIE PINKは同楽曲2回目の『ミュージックステーション』出演を実現させる。それは、ちょうどワーナーミュージックの社員旅行の真っ最中だった。宴会を中断して、吉田を筆頭に全社員がBONNIE PINKのパフォーマンスを見守った。屋上のパーティーで〝売るぞ〟と誓った社員たちが有言実行の達成に酔った。社内が自分の仕事に自信を深め、さらに一体感を増していく瞬間だった。

直後にリリースされたベストアルバム『Every Single Day -Complete BONNIE PINK (1995-2006)』は70万枚を出荷するBONNIE PINK史上最大のヒットとなり、年末の「NHK紅白歌合戦」にも初出場を果たす。

BONNIE PINKの大ヒットは所属事務所タイスケ、森本社長と吉田の絆を深めた。

ある日、森本はあるアーティストのデモを吉田に聞かせた。そのデモテープの中には圧倒的な歌唱力の女性シンガーが歌う、「愛をこめて花束を」という曲が収録されていた。後に、Superflyとしてワーナーミュージックからデビューを果たすことになる。

話をいったん『嫌われ松子の一生』の話に戻そう。この製作委員会での再会から、吉田とホリプロ菅井との交流はワーナーミュージックに、様々な効果をもたらした。『嫌われ松子の一生』の次に出資した映画『ドルフィンブルー　フジ、もういちど宙《そら》へ』（2007年）（監督・

前田哲、主演：松山ケンイチ）は、ホリプロが幹事をつとめ、高畑充希が15才で銀幕デビュー。さらに、〝みつき〟という名義でコブクロ、小渕健太郎のプロデュースで主題歌を担当、歌手としてもデビューすることになる。

また、この頃、ホリプロが製作委員会に参画して進めていた、ビッグプロジェクトである、映画『デスノート』（２００６年）（監督：金子修介、主演：藤原竜也）の主題歌の相談を受けたのもちょうどこの頃だ。

『週刊少年ジャンプ』で連載された原作の人気は、国内だけでなく海外でもコミックが発売されていた。現状のワーナーミュージックの邦楽のアーティストロースターの色からすると、提案できる適切なアーティストは見当たらない。考えあぐねた吉田は、宣伝企画（タイアップチーム）で日夜、案件に応じて色々なアーティストを提案している僕らに、誰か良いアーティストがいないか、話をふってくれた。既に邦楽も洋楽も分け隔てなくタイアップに動いていた、僕らは、直感的に閃いた。〝実現したら凄いことになるアーティストがいる〟と。タイアップ活動を通じて実感したのは、ワーナー洋楽のコンテンツの豊富さだ。マドンナ、エンヤをはじめレジェンドアーティストはレッドツェッペリン、イーグルス、エリック・クラプトンまで揃っている。そして夏フェスを賑やかすロックのジャンルもリンキンパーク、グリーンデイなど充実している。

そのジャンルの中でワーナーミュージックを代表するアーティストで、映画公開のタイミングでニューアルバムがリリースされ、その年のフジロックにヘッドライナーとして来日するバンドがいたのだ。〝レッチリ〟ことレッド・ホット・チリペッパーズである。

ビッグネームすぎて、荒唐無稽な提案と一蹴されるかもしれない。また、洋楽のアーティストが日本のコミック原作の映画に簡単に楽曲提供してくれるだろうか。いろいろな不安要素はあった。

ワーナーミュージックでは、これまで吉田のソニーミュージック時代の先輩である塔本一馬が洋楽宣伝部長時代にエンヤで『冷静と情熱のあいだ』(2001年)(監督：中江功、主演：竹野内豊)というフジテレビの映画でタイアップし、ミリオンを達成した前例もある。

そういう意味では洋楽部隊もタイアップには成功体験があり、理解があるともいえた。吉田に提案すると、〝それは面白い〟と言ってくれた。早速、ホリプロを通じて映画サイドに確認すると、まさにちょうど洋楽を主題歌にしたいと考えていたところだった。というのも、当時は『少年ジャンプ』原作の実写映画化の成功例は少なく、子供向けといったイメージを払拭すべく主題歌には洋楽を採用したいと思っていたからだそうだ。

吉田は、早速、当時洋楽の本部長をつとめていた宮治淳一を呼び出し、作戦会議を開いてくれた。宮治もタワーレコードで売っていた、『デスノート』の英語版コミックを購入し、ビジネスレターを書いてレッチリの担当者宛に送ってくれた。状況は整った。宮治のアプローチが功を奏し、アーティストサイドも理解を示してくれたようだ。唯一の難点として、制作中の楽曲を事前に聴くことが課題として残った。

それは、タイアップ獲得にあたっては、致命的なことだった。意を決した僕は映画のプロデューサーに直談判し、現地に飛んで、主題歌をその場で選んでもえらえないか？とダメ元で交渉した。

僕が交渉したのは企画を統括する日本テレビ映画事業部の佐藤貴博だ。彼とは『東京タワー』（2005年）（監督：源孝志、主演：黒木瞳、岡田准一、主題歌：山下達郎）で面識があった。この映画は山下達郎「FOREVER MINE」のほかにノラ・ジョーンズ「スリープレス・ナイト」が効果的に使われていて洋楽の使用に積極的かつ柔軟なプロデューサーだったことが幸いしたように思う。こちらの事情をくんでくれて、僕の提案を快諾してくれた。

結果、現地には1日しか滞在できない強行軍となったが、日本では、まだ誰も聞いていないレッチリの新曲をロスのプライベートスタジオで、聴くことにモチベーションを感じてくれていた。結局、慌ただしく成田を出発し、ロスに降りたったその足でスタジオに向かった。時差ボケとか言ってられない慌ただしい緊張感の中、キャリア初となる2枚組のオリジナルアルバム『ステイディアム・アーケイディアム』の収録予定曲を聴く。

佐藤は、明言こそ避けたが前編と後編で、それぞれ1曲ずつ主題歌として使用したいと言ってくれた。こうして、映画『デスノート』の主題歌は「ダニー・カリフォルニア」と「スノー」の2曲が選ばれた。日本テレビ営業部出身の佐藤は、単なる主題歌起用だけでなく、積極的にコラボを仕掛けてくれた。

特番を組み、出演者をフジロックに派遣し、レッチリとミート&グリード（対面し交流）する模様をオンエアしてくれたり、営業部出身ならではの仕掛けとして、映画本編自体の宣伝として打つ15秒のテレビスポットとレコード会社で打つ15秒のテレビスポットを段積みにするだけでなく、素材を1つにすることで、楽曲が30秒つながって流れるように調整してくれた。段積みより、はるかにインパクトのある、このコラボCMは、僕らは「吹き抜け」と呼んでそのプロモーション効果を実感した。

後編となる『デスノート the Last name』では、映画で流れる主題歌「スノー」の対訳を金子修介監督自らがつとめ、訳詩と映画の内容がリンクするような日本語字幕をエンドロールに出す演出を実施。

そして、当時の業界を〝あっ！〟と言わせる仕掛け。後編公開前週の金曜日に『金曜ロードショー』で前編を「金曜ロードショー特別編」としてオンエアしたことだ。当時はもちろんNetflixやHulu等の映像配信プラットフォームなどなく、公開から6カ月後にまずレンタルメインのDVD、地上波放送は1年後以降というウィンドウ状況の中、後編のプロモーションとはいえ、前編公開から5カ月未満でいきなりテレビの地上波オンエアという試みは、業界に衝撃を与えた。

自社枠に『金曜ロードショー』というゴールデンタイムのコンテンツを持ち、ビデオメーカーが自社系のVAPだったからこそできたウルトラCだ。この効果もあり、後編の興業収入が前編より倍増となった。あまりにものインパクトにより、しばらくこの方式は禁じ手になったとも言われている。こうして「ダニー・カリフォルニア」「スノー」収録のレッド・ホット・チリ・ペッパーズの2枚組アルバム『ステイディアム・アーケイディアム』は、70万枚を超える大ヒットを記録した。

その後も、ホリプロ菅井と吉田は、色々な局面で仕事を共にした。例えば、菅井はコブクロの朝ドラ（NHK連続テレビ小説）のタイアップを決めたいという吉田の願いをサポートするためにNHK大阪局のプロデューサーを連れてライブ会場に訪れることもあったし、ワーナーミュージックで立ち上げたオーディション番組『イツザイ』（テレビ東京ほか）で選ばれたバンド、HI LOCKATION MARKETSの所属をホリプロで預かってくれたりもした。よく、吉田に冗談半分で「研音とばかりやらないでうちともやろうよ〜」と言っていたのを思い出す。

第9章 有言実行のヒットメーカー

2006年のワーナーミュージック・ジャパンの快進撃をここでおさらいしよう。2月にデビューシングル『I believe』をリリースした絢香のスマッシュヒットで始まり、6月にリリースされたBONNIE PINK『A Perfect Sky』は、資生堂アネッサCMソングに起用されロングヒット。ベストアルバムは70万枚を突破した。そして、9月にリリースされた、絢香『三日月』はKDDI au「LISMO」CMソングに起用され、同曲のヒットが牽引する形で、ファーストアルバム「First Mesesage」はミリオンヒットとなる。洋楽では、エンヤ、マドンナの新譜に加え、ジェームス・ブラント、ダニエル・パウターのニューカマーがヒットし、レッド・ホット・チリ・ペッパーズのアルバム『ステイディアム・アーケイディアム』は映画『デスノート』の主題歌効果で前作を超える実績を残した。ヒットの連鎖が会社にさらなる活気を生んでいく。そして、極めつけは、9月にリリースしたコブクロのベストアルバム「ALL SINGLES BEST」だ。

「当時って、まだみんながみんなベストアルバムを出すという時期じゃなかったんです。ミノスケ社長とのミーティングで僕か小渕が〝次はベストどうですかね?〟って言ったんですよ。それでミノスケ社長が〝それは、ほんま吉田社長への恩返しになるぞ!〟と。それやったら、僕らもお世話になってるし、恩返ししたいって、吉田社長にプレゼンしたんです」(黒田)

「キャリアはデビューして数年でまだ短いと思ったのですが、無事にベストを出せるいう喜びがまずはありました。でも、選曲をどうするかがまったく着地しないんですよ。イメージとしてはベストアルバムって、シングルもあればアルバムの中のこっそりとした曲も入っているというのが1作目のベストかなって僕は思ってたんですね。その時点でシングル曲が19曲。そこで、シングルだけ収録したベストにしようという発想が生まれて、収録順を楽曲のできた順の逆にして、最後に最初にできた『桜』に戻っていく。当時の最新シングル曲『君という名の翼』から始まって『桜』で19曲だったので、新曲『未来への帰り道』をボーナストラックで入れて20曲、ツアータイトルを『Way Back Tomorrow』にして……という形で曲順が決まったことできれいなストーリーを作ることができた。でも、当時シングルだけでも30万とか40万とか売れる時代で、ファンの方がすでに持っている曲のチョイスで販売してもどうなのかなという不安もありました」(小渕)

「吉田社長の目の輝きを見て、絶対に跳ねるって俺は思ってたんだけど。吉田社長がまた〝こ

のプロモーションは任せてくれ〟感が、ハンパなくて。そして、あのＣＭができて。勝ったなと」（黒田）

吉田の指揮の元に作られたテレビＣＭのキャッチコピーは、

「せっかく忘れかけたのに、ラジオがコブクロなんか流すから。
一生忘れない一曲。コブクロ『ALL SINGLES BEST』」

「桜」と同じチームにテレビスポットの制作を依頼し、複数案考えてもらった中でわれわれが選んだキャッチコピーだった。東北新社の中島信也監督の演出のもと、菅野美穂が涙の熱演でＣＭに華を添えた。吉田にも僕にとっても「桜」の時の〝鬼軍曹〟率いるラジオ班の頑張りが鮮烈に残っていて、無意識にそれを形に残そうと思ったのかもしれない。結果、コブクロ『ALL SINGLES BEST』は、３５０万枚以上も売り上げる大ヒットアルバムとなった。

同じく２００６年、宣伝企画部の関谷が、吉田からの〝宿題〟に応えるべく、ＣＭタイアップを獲得していく。その記念すべき第1弾となったのが、ジェームス・ブラントの「ユア・ビューティフル」を使用したTOYOTA「Vitz」のＣＭだった。この曲は洋楽チームがラジオ中心に盛り上げ、吉田が動いて1月クールにフジテレビ系『小早川伸木の恋』（主演：唐沢寿明）の挿入歌に決まり、テレビ班が来日タイミングで『ミュージックステーション』の出演を決めた上での、〝ダメ押し〟のCMタイアップだった。

続いて、10月には、RIP SLYMEの新曲「ブロウ」で、リクルート「FROM A」のCMソングを獲得する。吉田と現場。両輪の活躍が連鎖し、ひとつのタイアップが次のタイアップを呼んでいく。この頃からワーナーミュージックのタイアップは〝無双状態〟に突入していったのかもしれない。

「そして、その年の秋ですね。その頃は、例年1月を充電期間として2人は休んでいたので、可能であれば2007年4月クールで何かタイアップをお願いできればと事務所としては考えていた。しかし、一方で2007年1月クールの案件が敬さんに入ってきて、事務所としてはタイミングを理由に1回断ったんですよね。年末までベスト盤ツアーが入っていたし、曲を書き下ろす時間がないと。そして、しばらくしたら、〝2人に直談判させてほしい〟と」(三浦)

「何回断った? でも不思議な縁で、普段は活字の本なんか一切読まない僕が、たまたま原作本を読んでいたんです」(黒田)

吉田が、コブクロに楽曲提供を依頼した主題歌は2007年1月クールのフジテレビ月曜9時の枠『東京タワー オカンとボクと、時々、オトン』(以下、『東京タワー』／主演：速水もこみち)だった。

映画化もされたリリー・フランキー原作の『東京タワー』は、原作者である主人公のオカンが亡くなるまでの日々を個性豊かな家族や仲間の姿と共に綴った感動作だ。早くに母親を亡くした吉田には格別な思い入れがあったんだと思う。そして、コブクロの小渕健太郎も18歳の時に、母を亡くしていた。

直談判のスケジュールはここしかないと言われたのが、吉田の息子の運動会当日の午後だったという。

「リハが終わったら、テーブルのところに吉田社長が座ってて。〝また、来た！〟と思って、僕らがそのテーブルに座ったら完全にロックオンですよ」(黒田)

「このテーマの書き下ろしは、コブクロにしかできないんだ」

「コブクロがやらないとダメなんだ」

コブクロのリハーサルスタジオに訪れた吉田は、こう切り出した。

「実はまだその時はお話を受けていなかったから、僕は本を読んでなかったんですよ。黒田が読んでいたのは知っいて」(小渕)

「お母さんが亡くなるストーリーだった。全部分かったうえで、あまりにも小渕さんの境遇とかぶってるから、それもひっくるめてどうかなと」(黒田)

三浦は、予感めいたものがはたらき、ツアー中に空白期間を4、5日間、2セットを見つけていて、やるなら休みなしでこの期間を使うしかないと覚悟を決めていた。

「それで、なんとかスケジュールの隙間を縫って制作ができそうになってから、初めて本を読んだんですよ。皆さんは涙、涙って言っていましたけど。僕は涙というか、ケラケラ笑いながら読めた。全く僕と同じような環境の人がこの本を出しているんやなという感じで。僕は確か黒田にも言ったんです。〝これめっちゃおもろかったんやけど〟って。黒田も〝そんならええかも。そんな風に思ったんや〟って」(小渕)

「1年間フル稼働で働いて、唯一の休みが1月だった。そんな話も吉田社長にしたら〝無理を承知でやってくれ〟と言われた」(黒田)

「ここはコブクロにとって絶対にターニングポイントになるから!」

吉田の力強い言葉を受けて、2人は抜群の集中力を発揮した。

「黒田と僕でやり取りして、1回作ったんですけど、黒田でさえ〝ここは、タイアップに寄りすぎや〟〝もっと小渕さんの思ったことでいいんとちゃう〟って言ってくれて。ちょっとずつ僕も原作から離れるようにして、自分のエピソードの奥の奥まで書くようにして、〝やっとできた!〟という段階のものを聴いてもらった」(小渕)

デモがあがり、小渕のプライベートスタジオで、試聴会が開かれた。一番前の席で聴いていた吉田に小渕が聞いた。

「吉田さん、どうですか?」

振り返った吉田は、涙を流していたという。コブクロを聴いて二度目の涙はヒットを確信した涙だったのかもしれない。

しかし、吉田は突然、歌詞が書かれた紙に、ここは小渕、ここは黒田という風に歌のパート割りについて、自分のアイデアを記入し始めたという。

「こんなこと言う人おる？　そしたら、ミノスケ社長も〝そうやな。俺も吉田社長と同じや。そう思う！〟って」（黒田）

「CD―Rに焼いて」と告げた吉田は、その足でドラマ関係者に聴かせに行ったという。「120点だって！」吉田は、三浦に電話をしてきてそう伝えた。

「蕾（つぼみ）」以降も、小渕のプライベートスタジオでの試聴会はシングルをリリースする度に行われ、それが恒例となった。

「最初がこれだったので。曲を変えられることに対して複雑な思いもあったんですけど、変わって良くなることに対する喜びというか、一緒に作っているという感覚もありました。試聴会というハードルを作ってくれて、吉田社長に苦しめられて育った僕らの力みたいなものが、今でも体中に根づいていると思います」（小渕）

「僕らのことを絶対に売るっていう、あの人の責任感。あの時の曲の作り方って、吉田社長独特の感性というか。ただの剛腕でなく『蕾（つぼみ）』を聴いてぽろっと泣いたりして。ドライな東京のヒット請負人みたいなイメージだったんですけど、でもそうじゃなくてほんまコブクロのことを〝ええ〟と思いながらやってくれてたんやなって『蕾（つぼみ）』のときに、そう思ったんですよ」（黒田）

ベスト盤ツアーの後「蕾（つぼみ）」以外に実はもう1曲レコーディングされた曲がある。絢香とのコラボ曲「WINDING ROAD」だ。

話をいったん、2006年前半に戻す。第2回のコンベンションの開催が決まり、その舞台上でコブクロと絢香でインパクトのある何かができたらよい。スタッフの間でそんなアイデアがささやかれていた時だった。それぞれの新曲のプロモーションで『ミュージックフェア』（フジテレビ系）に出演することになったコブクロと絢香は、たまたま同じ収録日でフジテレビを訪れていた。

「絢香の次のアルバムに向けてインパクトある仕掛けが必要だと思った。〝同じ関西出身でレーベルメイトであるコブクロとコラボレーションするのどう？〟とそう絢香に提案したら本人

もノッテきた。たまたまこの日楽屋が隣だったので直接コブクロの楽屋を訪ね、絢香と直談判してみた」(四角)

「絢香ちゃんからは、カバーで(って相談されて)。それを受けて2人で話したんですよ。時間的にめっちゃあったわけじゃないんですけど。一回、僕のスタジオに集まろうってなって。黒田の(好む)音楽、声質もわかるし、絢香ちゃんも当時はバラードシンガーのイメージが強かったけど、昔カバーをやってた頃の曲を聞くと、めちゃくちゃソウルフルで。せっかくの機会だから、黒田のテイストと絢香のテイストで、自分たちの畑でやってないことを作ればいいんじゃないかと。

頭の中に佐藤竹善さんとコラボした時の「木蘭の涙」の残像があって。アカペラで始まってアカペラで終わるみたいな発想をしてスタジオで楽しんで作っていった。絢香と黒田と僕の声のバランスが絶妙なミックスで一つの球になった」(小渕)

こうして「WINDING ROAD」という曲が完成した。彼らのコンベンションでのパフォーマンスは評判となり、僕らが呼んでいた企業や代理店などのCM関係者から注目を浴びた。その中で、一番熱心にわれわれにアプローチしてくれたのが日産自動車のマーケティングダイレクター森田聡だった。しかも斬新な企画とともにCMソングのオファーを持ち込んでくれた。

「一緒にレーベルをやりませんか?」

前代未聞の提案だった。リニューアルする日産自動車cubeの宣伝戦略として、レコード会社と共同でレーベルを運営し、それを連続してCMソングにするという。その第1弾アーティストが絢香×コブクロ「WINDING ROAD」という寸法だ。日産自動車とワーナーミュージックのコラボレーションであり、アーティストもコラボレーション。これをモデルケースに、このレーベルからリリースするアーティストはコラボアーティストであることを前提条件にすることになった。

吉田はもちろん、絢香のA&Rだった四角もコブクロのA&Rだった阿部も趣旨を理解し、協力してくれた。四角からはレーベル名を「Cube Loves Music」にするアイデアが出て、それが採用された。

そして、この第2回コンベンション会場では、再び吉田自らがマイクを握り、紹介ビデオを見せながら次に仕掛けるアーティストについてこう宣言した。

「Superfly、まずはその名前だけ覚えておいてください」

ソニーミュージック時代の僕の上司だった上原英二（THE BOOM「島唄」やSMILE「ジグソーパズル」のディレクター）がたまたまその会場にいて、帰り際に僕に声をかけた〝あれは売れるぞ！〟映像で見るアーティストの佇まいや楽曲にすでに高いポテンシャルがある。当日、この短いプレゼンは、会場に呼び込まれたメディアにかなりのインパクトを残し、その期待値は膨らんでいった。

そんな、Superflyのマネージャーはタイスケの田畑が担当していた。

「ウルフルズのツアーにフジパ（フジパシフィック・ミュージック）の菊池さん（菊池昌隆）がちっちゃくて可愛い女の子を〝勉強のために〟ライブを見せたいっていって連れてきたんです。ヒッピーテイストな服を着てたので、すごくインパクトがあって。この子、バンドやってますって言うから、ジャニス（ジャニス・ジョプリン）とか好きなの？って聞いたら〝はいっ！〟って。なんか妙に気になって、後で、菊池さんにあの子のデモ聞かせてよって」

田畑が聞いた音は、ボーカルをつとめるその彼女、越智志帆とギターの多保孝一により、結成されたSuperflyというユニットのものだった。

「聞かせてもらったデモテープが、めちゃめちゃ良くて〝ちょっとー何でもっと早く教えてくれへんかったん？水臭いな〟って菊池さんに文句を言った記憶がある（笑）。それで速攻、本人たちに会って、タイスケにおいでって（伝えた）」（田畑）

森本は、持っていくならワーナーミュージックしかないと吉田のところにそのデモテープを持参した。その頃にはウルフルズのワーナーミュージックへの移籍も確定していた。

吉田は、SuperflyのA＆Rを宣伝部テレビ班の阿木慎太郎（現：ワーナーミュージック・ジャパンprescribe 執行役員シニア・エグゼクティブ・プロデューサー）を抜擢し、田畑とタッグを組ませた。彼は、ソニーグループのMUSIC ON! TVからワーナーミュージックに転職後、大阪のプロモーターとなる。ＦＭ８０２担当としての活躍が認められ、本社に戻りテレビ担当となった。『ミュージックステーション』では、コブクロ「ここにしか咲かない花」、BONNIE PINK『A Perfect Sky』の発売週のブッキングなど、ここぞというタイミングでのテレビ出演を実現させた。

マドンナ来日時の『SMAP×SMAP』出演のときも、プレッシャーをものともせず淡々と現場を仕切る姿がとても頼もしかったのを憶えている。デビュータイミングの絢香に「三日月」があったように、Superflyにも「愛をこめて花束を」があった。この楽曲のポテンシャルを皆が信じていたので、どのタイミングでリリースしてブレイクさせるかがポイントだった。阿木は当初3枚目のシングルをこの曲に設定し、直後にリリースするファーストアルバムでのブレイクを目標に置いた。そのための逆算のプロモーションプランを組んだ。どうメディアの期待値を高めて勝負していくかが問われていた。田畑はコンベンションのような大会場でのお披露目ではなく、コンベンションではあえて、〝名前だけの告知〟にしておいてもらって、媒体に本人を見せる場所は、ライブハウスにこだわった。とにかく場数を踏んでおいて、ライブアーティストとしてのステイタスを獲得しておくことが大事だとブッキングを進めた。

僕ら宣伝部隊は、デビュー前にその狭いライブハウスに媒体のキーパーソンを呼び込んだ。テレビ、ラジオはもちろん、これまでの様々なタイアップで関係値のできていた企業のキーマンにも声をかけた。渋谷のライブハウスにKDDIと日産自動車の部長クラスが肩を並べて、Superflyのライブをみる光景が展開された。デビュー前のプロモーションが功を奏する形で媒体側も競うように、ピックアップしてくれたように思う。

2007年に入ると、ワーナーミュージックに一人のA&Rが入社することになる。河村剛志（現：GKO合同会社代表）だ。彼は1990年にCBS・ソニーに入社後、東芝EMIに転職し、Virgin TokyoというレーベルでAI田瞳やPE'Zを手掛けていた。新しい音楽コンテンツの配信プラットフォームとしてiTunesが日本進出したタイミングにいち早くコンテンツを解放した東芝EMIでA＆Rの立場として積極的に推進した経験も有していた。彼はその頃、札幌のFM局、ノースウェーブからワーナーミュージックの制作副本部長に転出していた加瀬谷純二からの誘いに応じる形で、入社することとなった。

「敬さんは人見知りで気難しいかもしれないけど、いろいろ気にするな！」

ワーナーミュージックへの入社が決まった時、CBS・ソニーの同期だった、藤原と大谷にそう激励されたという。入社するやいなや、吉田からのムチャブリが始まったという。次に推す新人として〝鶴〟というバンドや移籍してきたウルフルズのA＆Rも任されたが、ワーナーミュージックも2007年夏から、iTunes Store（以下iTunes）に本格的に参入することになり、A＆Rと兼務でその旗振り役に任命され、各事務所への説明する役を担った。

「これからのデジタル戦略にはサイエンティストはいらない。A＆R経験者がそのプランを描くべきだ！」

海外からも、そんな人選を求められていたところに、河村がはまったのかもしれない。

「新大阪駅に併設するホテルのホワイトボードが用意された会議室で、コブクロの2人に配信の戦略を説明したこともありました。配信コンテンツの価格体系の説明をしていると、1曲ダウンロードする価格が200円とした時に、アルバムでバンドル（まとめ売り）するといくらぐらいの値付けが良いかという話になり、2人が〝1800円ぐらいでいいんじゃないですか〟と僕らで考えてる金額を予想してみせた。そのビジネスセンスに感服したこともあった」（河村）

また、別のある日、RIP SLYMEのA＆Rである鈴木竜馬とマネージメントに行くと、〝RIP SLYMEにとって（iTunes参入の）メリットはなんですか？〟と開口一番質問された。〝売り上げが入ることじゃないですか？〟苦しまぎれに答えたこともあったという。

そんな2007年を迎えたある日、関谷は社長室で絶句していた。

吉田が、関谷の獲得したBONNIE PINKの新曲が使用された某ナショナルクライアントのCMを見るなり、

「これ、音聞こえねぇじゃないか、やり直してこい！」

と、言い放ったのである。関谷は内心、非現実的すぎて、本気か冗談かの理解にさえ苦しんだが、〝こんなんだったらタイアップなんてないほうがよい〟とか〝こんなんじゃ売れない〟とか言われて本気であることを実感する。結果的にＭＡ（音声編集）をやり直しさせてもらうことになったという。

「ＭＡの現場がまた修羅場で。そもそもＣＭのＭＡってレコード会社にとってはアウェイで、僕らが到着する前にＣＭのクリエイティブチームがああでもないこうでもないと散々試した上で落とし込まれたものを最終確認しに行っているので、そこに対してＮＯを出すってすごく空気が悪くなるものです。吉田さんのテンションを見ちゃうと、これはそのままＯＫして帰れないなと。少しでも音をたてるべく、もうちょっと（音をあげてほしい）と交渉していると、監督が怒りだして、〝だったら演者のセリフをOFFにして、いっそのことミュージックビデオみたいにしちゃったほうがマシだ〟と言い出す始末。何とか落としどころをみつけて、その場をおさめました。あの時学習して、今でも心がけていることは、タイアップ先のバリューも大切ですが、それ以上に企画内容が重要であること。そういう意味では吉田さんは正しかったなと」（関谷）

そして、関谷が次に手掛けたのは、コブクロの新曲だった。ベネッセコーポレーション「進研ゼミ高校講座」の受講者たちを実際の大学受験合格発表の現場に密着して作るドキュメンタリーCMに「風見鶏」という楽曲が使用されたのだ。

「前回のトラウマがあったので、今度こそという想いはあった。ドキュメンタリーということで、受験生の喜びとか涙、そして現場のリアル感を企画の軸にしているので、カメラが拾う周辺の音とのバランスの調整が大変だった。しかしクリエイティブチームが絶妙なバランスで仕上げてくれて僕的にはかなり手応えがあった。完成したCMの試写を社長室で1対1で実施した。吉田さんはあまり感情を表に出さない人だと思っていたんですが、僕と二人の環境で、映像をみて涙を流したんです」(関谷)

「関谷、これヤバいな」

〝僕が唯一褒められた瞬間だったんじゃないですかね〟関谷はそう僕に言った。「風見鶏」は「蕾(つぼみ)」のシングルにカップリング曲として収録された。

2007年のワーナーミュージックは、2006年を超える怒涛の年となった。

1月ドラマ『東京タワー』のスタートと同時にコブクロ「蕾(つぼみ)」の着うた®の配信が始

まり、2月には日産自動車cubeのCMのローンチとともに、「WINDING ROAD」のリリース、そして3月に「蕾(つぼみ)」のCDリリースと、充実したスタートダッシュとなった。

そして、いよいよ4月に入ると、Superflyのデビューシングル『ハロー・ハロー』がリリースされた。FM802では異例のデビュー1か月前にパワープレイを獲得。『ミュージックステーション』もいち早くピックアップしてくれた。ブレイク直前の新人を紹介する当時の人気コーナー〝Young Gun〟スペシャルとしてデビュー週の金曜に出演となった。これがSuperfly、TV初パフォーマンスである。その圧倒的な歌唱力と存在感に業界は騒然となったが、いきなりのブレイクにはまだ至らなかった。

4月18日にウルフルズの移籍第1弾シングル『情熱 A GO-GO』、4月25日に後に100万枚を越える売り上げを記録することになるコンピレーションアルバム『R35 Sweet J-Ballads』が発売、5月9日には、椿屋四重奏のメジャー第1弾シングル『LOVER』、5月23日に竹内まりやの5年半ぶりとなるニューアルバム『Denim』、6月6日にBONNIE PINKの初のドラマ主題歌「Water Me」、6月20日にコブクロ、小渕健太郎によるプロデュースで、みつき(高畑充希)の歌手デビューシングル「大切なもの」、7月25日にRIP SLYMEの9か月ぶりのシングルでコカ・コーラ+iTunesキャンペーンソングとなった「熱帯夜」がリリースされた。

竜馬は、RIP SLYMEの秋にリリースするアルバム『FUNFAIR』に向けて、どうプロダクツを盛り上げていくか、突破口をどこにするかを考えていた。

そこで、RIP SLYMEは、広告案件との相性は良くCMタイアップのオファーが続いていたし、クリエイティブからの評判も良かったので、吉田がドラマ主題歌に走るなら広告案件を独占しようと考えた。そのパートナーとして宣伝企画の関谷を選んだ。竜馬はマネージメントとの定期ミーティングにも彼を参加させ、進捗のすべてをみせた。

「タイアップ担当はA&R業務の1つなんだと教えられました」(関谷)

この頃「熱帯夜」でコカ・コーラ、「SPEED KING」でマクドナルドとナショナルクライアントとの取り組みが続く。しかも、単なるタイアップだけにとどまらず、CMには直接は出演しないものの、本人稼働を企業の販促キャンペーンと有機的にからめたプランを実行した精度の高いものだった。

「RIP SLYMEは、広告案件に対していつも前向きに対応してくれました。一見、親和性が高くないようにみえるけど、実は一番広がりがある。タイアップ企業と共同で無料武道館ライブを実施したりなど、販促キャンペーンまで広げていたんですよね。マクドナルドのCMでは、

アーティスト名と商品名を組み合わせた造語でクレジットしたり、遊び心もあった」(関谷)
「関谷くんが、CMの情報をとってきたら、その案件で何ができるかを考え、担当者に自主プレにいった。マクドナルドからブリトー(トルティーヤで具材を包んだサンドイッチ)のような、ラッピング商品が出ると聞いたら、それは〝ラップ〟だからRIP SLYMEだろって具合に。コカ・コーラがiTunesとキャンペーンをやると聞いたら、それぞれの担当者に個別に行って、相互のハブになって成立させた。
単純に〝CMタイアップください〟ではなく、RIP SLYMEを稼働させて何ができますというのを明確に企画書に落とし込んでプレゼンに行きました」(竜馬)
「一番刺激的だったのは、竜馬さんと、〝熱帯夜〟プロモーションのとどめに、海の家でなんかイベントをしようって話になり、〝史上最大の合コン〟という企画で男女100人を招待して、最後にRIP SLYMEのライブで締める。そんな企画を提案した時期がお盆時期にも関わらず、電通の担当者が、すぐクライアントに持って行ってもらって、3日後に決定が出た。企画を立ち上げて1週間以内にスポンサードも決まって実現したという。タイアップは音を付けて終わりではなく、しっかり利用するというか、さらに広げることが楽しかったですね」(関谷)

この「熱帯夜」では、コカ・コーラ購入者がiTunesで「熱帯夜」（など好きな曲）を無料ダウンロードできるという施策がささり、まだ黎明期のiTunesにおけるワーナーミュージック最大のヒットになった。RIP SLYMEにとっても「楽園ベイベー」に次ぐヒット曲であり、新たなサマーアンセムとなった。

「経理から急に〝河村さん、RIP SLYMEのマネージメントからこの印税計算書の数字はなんですか?!って電話がかかってきてます！〟と連絡がきたことを憶えてます。どうやら、コカ・コーラ＋iTunesのキャンペーンがささって、CDでも着うた®でもない売上の数字が入ったレポートを事務所が見て慌てて確認の連絡をしてきたらしい（笑）」（河村）

Superflyは、8月に2枚目のシングル『マニフェスト』をリリースしたが、この曲でも数字は動かなかった。コアスタッフの、ワーナー阿木―タイスケ田畑―フジパ菊池。3人はまずはアーティストとしての色づけが大事だと考えていたので、いきなりのシングルヒットを狙ってはいなかった。そう腹をくくってプロジェクトをスタートさせたが、結果が伴わないと〝外野〟が騒ぎ出す。〝なぜ早く「愛をこめて花束を」をリリースしないのか〟という意見も出たし、ボーカルの越智志帆の〝Superfly巻き〟と言われたヘアバンドに象徴される70年代ヒッピー風のファッションにも疑念の声があがった。

「普通のレコード会社だったら、プロジェクトがスタートして半年ぐらいしても、売れないと、そんな〝外野〟の意見をダイレクトに事務所に伝えて来たりするじゃないですか。A＆Rのあっきー（阿木）は媒体に顔は効くし、社内のことも全て把握していた。そして持てる力をすべてSuperflyに集約してくれた。そのうえでごちゃごちゃ考えない人だったので、〝そんな意見、無視していいですよ〟と。それでわたしは助かったところがかなりあります。とにかくこの3人がブレずに最初に考えたSuperflyのイメージを貫こうと励ましあって。例えば60年代を意識した衣装の拘りもそうだし、バンド感を大事にしたいからアコースティックライブは認知されるまでは絶対にやらない、とかね。そうそう〝Superfly巻き〟は爆発的に売れるまで絶対にやめちゃいけないとか（笑）そして、吉田さんが〝Superflyはプライオリティだから、売れ！〟と会社ごと動かす発信をし続けてくれた」（田畑）

Superflyについては、デビュー1年後のファーストアルバムに向けて、タイアップの仕込みが加速していた。ＣＭタイアップでは、一番早く目をつけてくれたのは、学校法人モード学園（現：学校法人日本教育財団）の渡辺生記だった。越智志帆のボーカル力とファッションアイコン感に目をつけた渡辺は、まだ何の実績もないSuperflyの可能性を信じ、２００８年度のモード学園のＣＭソングに抜擢してくれた。オンエアはモード学園より、先行する形となったが、日産自動車も〝Cube Loves Music〟として、Superflyをピックアップしてくれた。タイアップ条件がコラボレーション必須だったので、A&Rの阿木と知恵を絞った。〝ここは、洋楽アーティストとのコラボでいこう!〟と閃いた。

相手としてオファーしたのは、オーストラリアのバンドJETだった。iTunesのグローバルCMで世界的に注目を集めていたJETはコラボ相手として申し分ない。洋楽チームのJETの担当者が本人サイドと懇意にしており、直接コンタクトを取った。彼らの地元であるオーストラリアに乗り込んだ越智と多保は、JETのメンバーとスタジオに入り、彼らがリードする形でセッションしながら、その場で楽曲のアレンジを詰めていった。日本とは違うそのスタイルに最初は戸惑ったものの、徐々に言葉の壁を越えて意気投合し、レコーディングの後半は積極的にアイデアを提案するなど、ミュージシャン同士の絆を深めていった。こうして完成したのがSuperfly×JET名義のシングル「i spy i spy」である。アルバムへの導線がしっかり構築されていく中で、あとは、「愛をこめて花束を」だった。

ちょうどその頃、TBS高田は制作局長に就任し、TBSドラマ全体を統括していた。「ある日、若いプロデューサーから研音の役者を主役にキャスティングしたいと相談された。そのとき、吉田君の顔が浮かんだ。彼にコーディネートしてもらう形で研音のBOSSのところに挨拶に行ったよ」(高田)

吉田がコーディネートする形で高田と研音との間にパイプが生まれたという。ちょうど、その時期に2008年1月クールの金曜ドラマとして企画されたのが『エジソンの母』(主演:伊東美咲)だった。情報を得た吉田が動いた。「愛をこめて花束を」のデモテープがプロデューサーの手に渡り、主題歌としての採用が決まった。

ファーストアルバムに向けて順風満帆だったかにみえたSuperflyプロジェクトに異変が起こったのは、「i spy i spy」発売前の11月の出来事だった。ギター兼メインコンポーザーだった多保孝一が、裏方にまわり作家活動に専念したいという意向を示したのだ。

「越智志帆が一人になっても、アーティスト名を変えるという発想は1ミリもなかった。何で名前変えなあかんの?変えるわけないやん、Original Loveだって途中からは田島貴男さんのソロユニットに変わったよねって。確かにって納得してくれて現場はそれで意思統一ができていた」(田畑)

そのことを吉田に、報告しにいったという。

〝どうやって挨拶するの?〟当初はこの報告をポジティブに受け止めることができなかった吉田は、そう田畑に聞いたという。

「Superflyの越智志帆です！よろしくお願いします。それじゃダメですか？」

田畑は吉田の質問に一歩も引かなかったし、1ミリもブレなかった。

〝それでいいのか？まあ、そんなことも言ってらんねえな〟全曲、多保孝一が作曲することも、ブレてはいなかった。吉田は、その自信と堂々とした態度をみて、妙に納得したという

絢香はドラマ主題歌を1曲目にした『CLAP&LOVE / Why』を9月5日にリリースし、PS用ソフト「CRISIS CORE -FINAL FANTASY VII-」テーマソングをM-1にした『Why / CLAP&LOVE』を9月12日に連続リリース。11月28日にRIP SLYMEの6枚目のアルバム『FUNFAIR』がリリースされ、12月5日には国民的人気を博していた女優、新垣結衣が歌手デビューし、デビューアルバム『そら』をリリース。コブクロは12月19日に6枚目のアルバム『5296』をリリースし、「蕾（つぼみ）」で年末のレコード大賞を受賞する。

コブクロの6枚目のアルバム『5296』は、「蕾（つぼみ）」が大ヒットし、アルバムの先行シングルとなった「蒼く優しく」も、しっかりヒット。盤石の態勢で発売日を迎えた。しかし、オリコンデイリーチャートの初日は、BUMP OF CHICKENにかなりの大差をつけられての2位だった。オリコンのチャート対策を担当していた池田は社長室に呼び出された。

「〝プロじゃない！〟と叱られました。それからは日々、デイリーの動きをチェックされ、週末の数字の報告が遅れると、〝三流だな〟とも。怒ると本当に怖かったですね」（池田）

関谷は、そんな社長室でのやり取りを耳にしていた。

「吉田さんはBUMP OF CHICKENを〝誰なんだ？何でこんなに売れてるんだ？テレビに出てるのか？〟取り乱して、矢継ぎ早に質問していました。ウィークリーはコブクロが1位となり、結果、5週連続で1位を獲得、そしてあっという間に100万枚を突破し、ロングヒットを記録するのですが、僕はワーナーミュージックと対照的であった、BUMP OF CHICKENが所属するトイズファクトリーという会社に興味をおぼえるようになりました」

関谷は、その後トイズファクトリーに移籍。ゆず、BUMP OF CHICKEN、SEKAI NO OWARIなど様々なアーティストのタイアップを次々と実現させた。独立後の今もCMタイアップのトッププレイヤーとして活躍している。

「吉田さんは手取り足取り教えてくれるタイプではなかったのですが、吉田さんの直感に応えるよう実行して来たことが、結果的に何よりの経験となり、今に繋がったと思っています」（関谷）

最終的に「蕾（つぼみ）」はコブクロ史上最大のヒットシングル曲となり、アルバム『5296』は、180万枚を超えるセールスを記録した。「蕾（つぼみ）」がリリースされた2007年はワーナーミュージック・ジャパン史上最大級の忙しさとなった年で、吉田の号令の元、各自持ち場で全力を尽くしたが、そのクライマックスがコブクロの第49回日本レコード大賞受賞だったように思う。スタッフ総出で、アーティストの稼働をサポートし、達成感と高揚感を味わうことができた。

「あの時、レコ大の舞台にあがって、後ろに両社長（敬さんとミノスケ社長）がいて。これはすごい舞台だったなと今でも思います。後からその映像を見たら、吉田社長がほんまに嬉しそうな顔をしてて。吉田社長があの時の僕らの一発目のNOで引いていたら、その光景も全部なくなってしまっていると思うと、この絵まで吉田社長は描けていたんだなと」（黒田）

「レコード大賞は政治的な動き云々を言われることもありますが、コブクロの大賞受賞は誰もが納得のものでした。受賞のニュースはスポーツ紙で記事として大々的に取り上げられましたが、敬さんはその中でも日刊スポーツの記事をとても気に入り、額装して社長室に飾っていました」（池田）

こうして、ワーナーミュージックは黄金期を迎えていく。そこであげた利益は、吉田の采配で、業績賞与という形で全社員に還元された。会社全体でその〝成功体験〟を共有し、自信と誇りを手に入れることができた。この頃には、吉田に対して〝お手並み拝見〟と思っている社員も〝今度はいついなくなるんだ〟と言っていた社員もいなくなっていた。

第10章

レジェンドアーティストからの信任を受ける

次々とヒットが生まれ、各プロジェクトが活性化していく中で、僕には吉田から、更なるミッションが課せられた。5年半ぶりのアルバムをリリースする竹内まりやのプロジェクトの牽引役、チーフA&Rに任命されたのだ。それまでは、石原孝という山下達郎の「BOMBER」を大阪のディスコで仕掛けたという、レジェンドA&Rが担当していた。僕はなぜかこの石原が好きだった。吉田を含めたソニーから来た人間を〝大嫌い〟だと公言し、常に批判的な言動を取り、空気をピリッとさせていたが、言ってることは真っ当で筋が通っていた。

そして、何よりミュージックマンだった。僕は怒鳴られるのを覚悟で石原の部屋に通った。そこに現状を打開するヒントが隠されてるような気がした。いつしか、〝お前らは他のソニーとは違うかもな〟と言ってもらえるようになった。お墨付きをもらえたような気がした。〝お前らがワーナーで生き残っていくには、山下達郎、竹内まりやをどれだけしっかりやれるかが大事だぞ〟と諭された。吉田も僕も身の引き締まる思いで覚悟した。しかし、山下達郎のアルバム「SONORITE」（２００５年）は、売上こそ30万枚を超え、安定的な数字をキープしたものの、チャートでは、オリコン2位になってしまった。レジェンドアーティストがオリコン1位を取りこぼすことは許されないことだった。重い空気が会社に漂った。

ある日山下達郎、竹内まりやのマネージメントである、スマイルカンパニーのトップでワーナーミュージックの会長をつとめたこともある小杉理宇造が会社を訪れた。小杉はジャニーズ事務所の役員としても業界には名が通っていて、ワーナーミュージック社内には小杉に採用され部下として働いていた社員も多く、いまでも会社に厳然とした影響力を持つ、〝ラスボス〟的な存在だった。その小杉が竹内まりやのニューアルバムは体制を刷新してのぞみたいと、吉田に申し入れたのだった。

小杉及びスマイルカンパニーとは、ソニーミュージックTプロジェクト時代に縁があった。彼の息子である周水と谷中たかしによるcannaというユニットがTプロジェクトに所属していた。そして、デビュー間もないcannaが竹内まりやの武道館ライブのオープニングアクトをつとめることになる。竹内まりやにとっても18年9か月ぶりのライブだった。ライブ当日は、まさに緊張感の漂う厳戒態勢でワーナーミュージックとソニーミュージックのスタッフ総出で、事にあたった。メディアを招待しての、打ち上げパーティーが執り行われることになり、レストラン武道という会場に併設した施設で開催された。まるで立食パーティのような形式でしつらえられた会場。ソニーミュージック時代には経験したことのない大規模な打ち上げだった。

スーツ着用で整然と場を仕切るワーナーミュージックスタッフとは対照的に、ソニーミュージックチームは私服姿。弛んだ空気で指示待ち状態。中にはオードブルに手をだすスタッフも。相差が歴然だった。打ち上げ後、ソニーミュージック主要スタッフが事務所に呼び出され、相当お灸をすえられたという。そんな〝体験〟もあって、吉田も僕らも常に一番の緊張感をもって、〝達郎・まりやプロジェクト〟に向き合っていた。

そんな中の、担当者としての後継指名。吉田のワーナーミュージックに来てからの活躍を認めてくれてのことだ。吉田の顔に泥を塗る訳にはいかない。勇退を決めた石原の〝しっかりやれよ〟という言葉が脳裏に響く。マネージメント側もチーフマネージャーが変わっていた。いま思えば、前例にとらわれず、思い切ってやってよいという体制変更だったのかもしれない。そのマネージャーからの発案もあり、名刺に〝竹内まりや宣伝隊長〟と入れることにした。どんな肩書よりも重いタイトルだと思った。

半年後には5年半ぶりとなるニューアルバムが出てしまう。リリースされていくシングルをまずはしっかりプロモーションしていくことに専念したが、アルバムをヒットさせるには、大きな起爆剤が必要だと漠然と感じていた。

ある日、BONNIE PINKの渋谷公会堂のライブ会場に竹内まりやのマネージャーが興奮しながらやってきた。今すぐこの曲を聴いてほしいという。会場を抜け出して、聴いたその曲は、竹内まりやが50歳を超えて到達した心境をつづった楽曲で、正直に感想を聞かせてほしいという。タイトルは「人生の扉」。

今まで「駅」や「純愛ラプソディ」などの恋愛ソングや「元気を出して」などの応援ソングのイメージが強かった竹内まりやだが、今までのイメージをくつがえす、年を取ることを前向きに肯定した人生の応援ソングともいうべき深いメッセージを伴った感動的な楽曲であった。この曲を軸にプロモーションを組み立てれば、何かすごいことが起こるかもしれない。従来の竹内まりやのイメージを良い意味で裏切り、突破し、さらに多くの共感を得られるのではないか。それには、この楽曲をアピールする舞台=媒体が必要だと直感的に思った。

吉田に聴かせると、絶賛してくれた。しかし一方で、〝(まりやさんは)テレビには出ないしな〝そうぽつりとつぶやいた。竹内まりやは、1978年のシングル『戻っておいで・私の時間』アルバム『BEGINNING』でデビューした直後は、頻繁にテレビ歌番組に出演していたが、夫である山下達郎との結婚後は、〝シンガーソング専業主婦〟として自分の生活を大事にしながら、メディアとの出演には、独自のポリシーを貫き、一定の距離をおいていた。特にテレビ番組への出演に関しては実現していなかった。

吉田も僕と同じようなことを思ったのかもしれない。吉田の一言は僕にとっては魔法の一言だ。その時は何の根拠もなかったけど、平井堅が古時計を訪ねたあの時の特番のようなものがNHKでできないか、漠然と思った。気が付いたら、一緒にNY、マサチューセッツ州に行ったNHKのディレクター柴崎哲也にアポを取っていた。

「実は、今度新番組を作るんですよ。毎週1アーティストにスポットをあてて、人物と楽曲を掘り下げるような。今までにない音楽番組を目指します」

番組の色を決める重要な、その〝第1回目〟に出演するアーティストの選定に腐心しているという。運命的なものを感じつつ、おそるおそるマネージャーに相談すると〝ものすごく良いアイデアだが、本人を説得するロジックが必要〟と。

後日、そのNHKの新しく始まる音楽番組『SONGS』のプロデューサー三溝敬志も参加して、マネージャーを含めた打ち合わせを行った。三溝は、この番組に懸ける情熱がものすごく、出演が成立するなら、どんな条件でも飲むと約束してくれた。1回目が基準になるので、〝一緒に番組フォーマットを作りましょう〟とも言ってくれた。僕とマネージャーがひねり出した、テレビ出演へのロジックは、こうだった。竹内まりやの新曲「人生の扉」のミュージックビデオをNHKのスタッフとのコラボで撮影する。その撮影風景の密着とともに番組を構成するというものだった。つまり、これは歌番組の出演ではないミュージックビデオの撮影メイキングをオンエアするというロジックだった。テレビ〝出演〟ではなく、あくまで、テレビ〝登場〟。方法はどうであれ、なぜ今、竹内まりやが「人生の扉」という楽曲を発表するのか、そこが全国津々浦々のNHKの視聴者に伝われば、かなりの宣伝効果が期待できるという確信があった。

後日、マネージャーから興奮気味に連絡が入った。〝本人がやる（出演します）と言ってます！〟

竹内まりやを交えた準備が急ピッチで進んだ。樹齢2000年の桜の木を訪ねたり、八ヶ岳高原音楽堂でパフォーマンスを収録する（ミュージックビデオを撮影する）という段取りも決まった。そしてそんなやり取りの中で本人自らが番組のナレーションをするということになった。これが、そのまま番組のフォーマットになり、2回目以降も出演アーティストのナレーションにより番組が進行するようになった。

こうして作られた、竹内まりやが26年ぶりのテレビ登場となったNHK『SONGS』第1回は大反響を呼び、ニューアルバム『Denim』の拡売を牽引した。それを受けたメディアチームも全国キャンペーンを行い、各媒体でフルスケールでの宣伝を実施、営業チームもしっかり店頭展開を確保した。

竹内まりやを全社一丸で推すのは、ワーナーミュージックにとっては〝当たり前の日常〟だったが、それにプラスアルファを加えることができた。

『Denim』は50万枚を出荷し、オリコン初登場1位を記録した。

そして、それを記念して本人主催の打ち上げパーティーが行われることになった。参加はレコード会社とマネージメントスタッフのみに限定されたので、なごやかなものとなった。吉田自ら司会をつとめ（なぜか学ランを着て司会をしていた）会は進行し、それぞれのスタッフが芸を披露するという。こういう時、われわれエンタメ系の社員は必要以上に頑張ってしまう。僕も宣伝企画のメンバーとスタジオにこもって練習した〝オタ芸〟を竹内まりやの楽曲「今夜はHearty Party」をＢＧＭに披露し、会場の爆笑を誘うことに成功した。制作も宣伝も営業もマネージメントスタッフも何のわだかまりもなく、笑いあった。レジェンドアーティスト演出による素敵な空間だった。会が終わり、ひとり会社に戻った。心地よい緊張感から解放され、何とか職責を果たせたかなと安堵した。

『Denim』の成功を受け、翌年にはＲＣＡ時代の音源を含むオールタイムベスト『Expressions』を発売することになった。ベスト拡売に向け、吉田は、自ら積極的に竹内まりやのドラマ主題歌獲得に動いた。そして、ベスト盤発売直前のシングル『幸せのものさし／うれしくてさみしい日(Your Wedding Day)』より「幸せのものさし」が「Around 40〜注文の多いオンナたち〜」(主演：天海祐希)の主題歌となった。竹内まりや本人のアイデアもあり、主演の天海祐希がコーラスやミュージックビデオに参加するなど、しっかりドラマとのコラボレーションが実現した。このシングルは話題となり、リードシングルの役割を充二分に果たしたが、吉田は、ベスト盤のタイミングでさらなる仕掛けを用意した。

吉田はＴＢＳ高田と組んで、ユニークかつ斬新な試みを行った。竹内まりやのベスト盤の盛り上げ施策として『Expressions』に収録される3曲をモチーフとしたドラマを三夜連続でオンエアする。

恋うたドラマSP 竹内まりや（2008年）
第1夜「カムフラージュ」（主演：加藤ローサ）
第2夜「元気を出して」（主演：伊東美咲）
第3夜「純愛ラプソディ」（主演：財前直見）

「レコード会社をスポンサーとした営業案件として、（制作と営業の）間をつなぎました。制作体制を整えてからのつなぎだったので、スムーズに事は進んだようです」（高田）

この試みは、深夜帯のオンエアにも関わらず、大きな反響を得た。映画『涙そうそう』（2006年）（監督：土井裕泰、主演：妻夫木聡、長澤まさみ）『ハナミヅキ』（2010年）（監督：土井裕泰、主演：新垣結衣）や最近のNetflix『First Love 初恋』（2022年）（監督：寒川ゆり、主演：満島ひかり、佐藤健）など楽曲をモチーフにしたドラマ作品は、これまでいくつか作られてきているが、レコード会社主体でベスト盤の発売タイミングで意図的に局と組んでドラマを制作する試みはドラマタイアップを多数獲得してきた吉田ならではの発想であり独壇場だったと思う。この企画に手応えを感じた吉田は、コブクロや絢香のリリースタイミングでもこの試みを発展させ、実践していく。

竹内まりや、オールタイムベスト『Expressions』は、ロングヒットしミリオンを達成した。吉田がワーナーミュージックに移籍して3アーティスト目5枚目のミリオン突破アルバムとなった。

プロジェクトの成功は、竹内まりや本人はもちろんだが、プロデューサーの山下達郎も喜び、その後、自ら吉田を食事に誘い、吉田の好物でもある鰻をふるまってくれた。

食事会を前にした吉田が、「音楽の話になったらどうしよう」とナーバスになっていたのを思い出す。その席で、好きなアーティストを尋ねられた吉田は、即座に「吉田拓郎です！」と答えた。

ニヤリと笑った山下達郎は「だからコブクロが売れたのか」と妙に納得していた様子だった。その後、山下達郎は、親しみをこめて吉田を〝吉田くん〟と呼び、自身のライブのMCでもネタにして、〝自分を大切にしてくれている若い社長〟と照れながらしゃべっていたのをよく目撃するようになった。

第11章

快進撃は止まらない

吉田主導によるミリオンヒットの連鎖と、結果を出した社員に対する〝分かりやすい〟評価としての報酬は、社員のモチベーションを向上させ、〝吉田チルドレン〟と呼ばれる数々のスタープレイヤーを輩出させていく。その頃、ストラテジック部門の酒井は吉田の快進撃を横目で見ながら、引き続きコンスタントに10~15万枚のコンピレーションアルバムのヒットを連打していた。

「ボクは年々シュリンクしていくコンピレーションCDのマーケット状況を危惧して新しいジャンルに挑戦しようと考えていました。そもそも日本のコンピレーションCDは基本的に洋楽楽曲が中心で過去のヒット作もほとんどが洋楽ものだった。そんな業界の常識を覆そうと思った」

酒井は吉田と初めてミーティングを行った2004年以降、コンピレーションマーケットを徹底的に研究した。どの露出が、どの施策が数字につながったかをすべて時系列で表にして管理した。その結果、コンセプトは邦楽コンピ、しかも90年代前半の男性ボーカルにフォーカスしたラブソングというテーマを掲げ今回の企画に挑んだ。

「本来、邦楽のコンピレーションCDは売れないというのが業界の常識でした。それは過去にリリースされた作品の中で30万枚を超えたものが1作しかないことで証明されています。しかも、洋楽、邦楽を問わず当時は80年代ブームで90年代は回顧するには早すぎると。ボクはその全く逆で、8cmのシングル盤が大ヒットしてミリオンセラーが毎月出ていたCDバブルといわれた90年代の楽曲こそ、ユーザーの心と体に染みついていて、生活の一部であったはずであると判断しました」

酒井は、ポジティブにアグレッシブにアイデアを具現化させて大ヒットを作り上げている吉田の姿に刺激されて、この企画『R35 Sweet J-Ballads』で勝負しようと決意した。各レーベルと粘り強く交渉して、曲順も含めて、こだわりぬいたこれ以上ないベストの選曲が実現した。収録曲は次の通り。男性から女性へのラブソングが連続し、最後は男女のデュエットソングで締めるという構成だ。

①SAY YES / CHAGE and ASKA

②君がいるだけで／米米CLUB
③何も言えなくて…夏／JAYWALK
④Get Along Together／山根康広
⑤TRUE LOVE／藤井フミヤ
⑥シングルベッド／シャ乱Q
⑦離したくはない／T-BOLAN
⑧クリスマスキャロルの頃には／稲垣潤一
⑨Woman／中西圭三
⑩夏の日の１９９３／class
⑪もう恋なんてしない／槇原敬之
⑫サボテンの花～ひとつ屋根の下より～／財津和夫
⑬接吻／ORIGINAL LOVE
⑭壊れかけのRadio／徳永英明
⑮愛が生まれた日／藤谷美和子・大内義昭
⑯世界中の誰よりきっと／中山美穂＆WANDS

そして、酒井は宣伝に関しては、ＴＶスポットと新聞広告のマスメディア1点集中で勝負しようと考えた。酒井自らが考案したキャッチコピーは、〝もう一度、妻を口説こう。〟。理想のお嫁さん的な女優として人気を博していた桜井幸子をキャスティングした。1ヵ月の売上目標を15万に設定し、宣伝費をすべてテレビスポットに投下した。

「無事15万の達成がみえて、追加宣伝費を獲得したセカンドフェイズに入った時、突然、吉田さんからケータイに連絡が来て、打合せをすることになった。吉田さんは第一声から〝酒井、R35は100万枚いけるだろう？〟〝いや、100万枚いけるから、もっとやろうよ！〟というミーティングというよりは吉田さんの意思表明のような内容でした。吉田さんは、キャッチコピーやCMのクリエイティブを高く評価してくれていて、そのクリエイティブをより前面に出して、宣伝部をまとめていき、TV、ラジオ、紙といったマスメディアを全方位でプロモーションしていこうと提案してくれ、結果として、全社を巻き込んだトッププライオリティ企画として動き出すことになりました」

それから、酒井曰く、吉田と毎日、恋人以上に連絡を取り合ったという。そんな吉田からの提案は、男性ユーザー向けの女優を起用した今回のCMに対する〝アンサー〟として、女性ユーザーに向けた男性の俳優を起用した〝アンサーCM〟を作ろうというものだった。出演俳優のキャスティングや話題づくりの方向性、告知媒体の選定など、微に入り細に入り打合せした。佐々木蔵之介をキャスティングした史上初のアンサーＣＭは、スポーツ紙〜ワイドショーで取り上げられた。こうして『R35』はＴＶバラエティ番組、ラジオ特集、地方のシティ情報誌、カラオケなど、考えられるすべての媒体をターゲットにして、その媒体に合わせた企画を立案して、宣伝部全体が動き、Ａ＆Ｒとプロモーターが一体となった体制が完成していった。

「面白い例を挙げると、カラオケ企画として、コンピレーション初のメドレー「R35メドレー」を企画してスポーツ紙で大きく露出したり、ＴＶの人物にフォーカスした番組でボク自身をブッキングして特集してもらったり、いままで、どのレコード会社もやったことがない、多角的なプロモーションを実現していくことになった」(酒井)

毎週火曜日の宣伝会議には、毎週酒井の姿があった。そこで出たアイデアの実現のために各プロモーターが奔走した。桜井幸子がナレーションをつとめて、コンピレーションに収録されたアーティストが出演して歌唱する、ＮＨＫ『SONGS』もあったし、スカパーの地上波ＣＭに『R35』が登場するという演出もあった。そしてクライマックスが東京国際フォーラムホールAで行われた、『LIVE! R35』の実施だ。

出演アーティストが勢ぞろいする舞台上、トリをつとめる槇原敬之が壇上に酒井を呼び込み、抱擁を交わす。ミリオンを突破し、最終的に126万という実績をあげた、この企画の1つの到達点がこの瞬間だったように思う。

そして、メディアプロモーション出身の宣伝マン達がA&Rに抜擢され活躍をはじめるのもこの頃だ。2008年2月、Superflyの4枚目のシングル『愛をこめて花束を』がリリースされた。SuperflyのA&Rである阿木は、宣伝部テレビ班出身だ。彼は、TBS金曜ドラマ『エジソンの母』のプロデューサーにデビュー曲「ハロー・ハロー」も聞かせ、ドラマ内で挿入歌としての採用が決まる。

〝2曲使い〟はSuperflyのアーティストプロモーションの大きな推進力となった。また、「愛をこめて花束を」はロングヒット(特に着うた®ではミリオン認定されたた)し、今ではSuperflyを代表する曲として認知され、結婚式の定番ソングとなっている。アルバムリリース直前にはau KDDI「LISMO」キャンペーンソングとして5枚目のシングル『Hi-Five』が採用され、CM出演も果たした。その流れがうまくアルバムリリースタイミングにつながり、ファーストアルバム『Superfly』はオリコン初登場1位。出荷は70万枚を越えた。こうして吉田は会社一丸となって推す新人アーティストのブレイクという公約を絢香に続き、連続して果たしたのである。

吉田を筆頭にワーナーミュージックの制作宣伝スタッフ全員とタイスケの社員が集まってSuperflyのヒット記念パーティーが賑やかに行われた。田畑は司会をしていたが、途中から感極まって、ワーナーミュージックの社員一人一人に泣きながら感謝を述べた。本人は酔っぱらって覚えてない、といっていたが、僕には忘れられない光景だ。田畑はその後、Superflyの全国ツアーが完遂したあと、マネージャーを離れ、タイスケを退職する決断をした。ある種、燃え尽きたんだなとも思ったし、らしい去り際だなとも思った。

「沖縄でマンゴー畑が売りに出てて、私、マンゴー職人になろうかなとか思ったりして（笑）」


今後のことはこれから考えようと思っていた田畑に吉田が声を掛けたという。

「よかったら、ワーナーに来ませんか？」

それからまもなく、田畑はワーナーミュージックに入社し、今もプロデューサーとして様々なプロジェクトに参画している。


藤井〝ジャーマン〟之康（現：ワーナーミュージック・ジャパンALL RIGHT! 本部長執行役員オフィスコブクロ 東京オフィス長）は、ワーナーミュージックに入社以来、宣伝畑を歩み、新入社員時代には毎週『アッコにおまかせ！』に立ち会い、業界の洗礼を受けた。大阪に異動後、

FM大阪担当としてエリアプロモーションの醍醐味を体感した。本社に戻り、制作と兼務しながらテレビ担当となり、坂本龍一の呼びかけに応じたアーティストが多数参加した、TBS開局50周年特別企画『地雷ZERO 21世紀最初の祈り』では報道番組のスタッフとも懇意になり、歌チームとともに、Mr. Children、DREAMS COM TRUE、GLAYなどの他社のビッグアーティストの歌収録をサポートし、多くを学んだ。

そんなジャーマンが吉田をはじめとする僕らデフスター組と本格的に一緒に仕事をするきっかけは、〝第2の桜ソング〟を目指し、河口恭吾のA&Rを担当していた時だ。この時は、まずは「桜」で、竹本とタッグを組み、ヒットを実現させていたが、当時トレンドだった朝の情報番組からの突破口は開けたものの、〝次の一手〟が見つからず思い悩んでいた。そんな時、吉田が河口恭吾でフジテレビ系『人間の証明』(主演：竹野内豊)の主題歌を獲得して、スティービー・ワンダーの「A Place in the Sun」をカバーすることになったこと、四角がCHEMISTRYで成功していた手法、「NON PA LIVE」を河口に導入して組んだキャンペーン施策など、デフスター合流組から、アーティストプロモーションとは何かを身をもって示され、〝突出して何かをやったら勝てる〟ということを学んだという。続いて、吉田から沖縄出身のSoul CampのA&Rを任された。

「BIG MAMA」という、メンバーが母親を想って書いた曲を〝母の日〟ソングと打ち出し、母の日にむけて『めざましテレビ』で生パフォーマンスを仕込み、スマッシュヒットを作る。テレビ、ラジオなどのメディアにも強く、CMタイアップも動ける、そんなジャーマンの宣伝マンとして縦横無尽に動く姿に吉田は、A&Rとしての資質を感じていたのかもしれない。

2007年には阿部直樹と組んでコブクロのA&Rも任されるようになっていた。そんな彼がある日、新垣結衣を歌手デビューさせたいというアイデアを吉田に提案した。そしてちょうど、グリコポッキーのCM出演などで国民的人気女優への階段を上り始めたそんな時期だった。

ジャーマンからの提案は吉田にとっては大好物だった。そしてジャーマンの熱意と行動力が実り、ワーナーミュージックからの歌手デビューが実現した。〝セオリーを無視してインパクト重視で売り出そう！〟そんな気持ちでプロジェクトに取り組んだことを思い出す。

新進気鋭のアーティスト達に楽曲を提供してもらって、その集大成としてアーティスト新垣結衣の世界観をアピールしたい。そのためには、シングルではなくあえてアルバムデビューとした。リードシングルとなった「heavenly days」は、所属アーティストのメレンゲのクボケンジ作曲による（作詞：新原陽一）書き下ろしで、新垣の三浦春馬とのW主演映画「恋空」（監督：今井夏木）の挿入歌になった。そして、デビューイベントはレギュラーをやっていたラジオ『SCHOOL OF LOCK』（Tokyo FM）と組み、武道館でCD購入者特典であり、リスナー番組招待の公開録音を行った。そんな新垣結衣の歌手デビューアルバム『そら』は20万枚を越えるスマッシュヒットとなった。その後、吉田のアイデアでコブクロとのコラボレーションが実現したこともある。コブクロのインディーズ時代の名曲「赤い糸」を新垣結衣にカバーしてもらう。そして、コブクロの歌うオリジナルは日本生命のCMソングとして、同時期にリリースするというものだ。世界観が共通するそれぞれのMVに新垣結衣が出演し、コブクロのMVは主人公の男性目線、新垣結衣のMVは主人公の女性目線で描かれ、ストーリーがつながっていく。トップ女優の出演するMVというだけにとどまらない、前例のないコラボレーションとなり大きな話題を獲得した。ジャーマンは両アーティストのA&Rとして、吉田の発想を受け、企画実現に奔走した。

「すごく楽しかったですね。バックオフィスとして整備した体制に呼応するかのようにその効果がでるわけです。そうして吉田さんが実績をあげていく中で、CEOを吉田さんにという話が持ち上がりました。外資的な感覚だと実はこの違いは大きくて、吉田さんがCEOになると、私の立ち位置がサポートからレポートに変わってしまいます。そんなときに、EMIミュージックグループの本社からEMIミュージック・ジャパンの代表取締役社長兼CEO就任の打診がありました」(市井)

2008年9月30日、市井はワーナーミュージックを去り、翌10月1日にEMIミュージック・ジャパンのCEOに就任した。吉田も2008年10月1日付で代表取締役社長兼CEOという肩書になった。吉田と市井の〝バディ〟としての日々はここでピリオドとなった。

「CFOの立場で制作部門のサポートに徹してくれた市井さんはプロジェクトマネージャー的な段取りの見事さもあり、制作の立場としては非常に助かっていた。全てを飲み込んで、腹をくくり、海外に対して防波堤になってくれてもいた。法務・経理・制作進行など管理部門をまとめる人がいなくなり、われわれ的な損失は大きかったように思います」（大堀）

市井が去った後、CEOに就任した吉田は河村をハブにさらに一歩踏み込んだ組織改革をしていく。

2008年、10月の社員旅行（オフサイトミーティング）があった軽井沢で、河村の洋楽副本部長就任が発表された。しかも、デジタルは邦楽も洋楽もそのまま兼務という。このタイミングで洋楽の本部長になった田端花子がどうしても欲しいと河村を呼んだのである。

すでに宣伝部は邦楽、洋楽の両アイテムを扱う〝ハイブリッド化〟は完了していたので、今度はA&Rに着手しようということだったたのかもしれない。邦楽のA&Rや宣伝部からも、後の邦楽ヒットＡ＆Ｒとして活躍する若手が修行のため、洋楽に送り込まれた。また逆に洋楽の若手も宣伝部に異動し、後に邦楽のＡ＆Ｒになっていくという流れにもなった。河村はＥＭＩ時代に培ったＡ＆Ｒとしてのノウハウを洋楽の若手たちに惜しみなく与え、田端とタッグで洋楽チームの底上げに貢献した。

２００９年に開催された、コンベンション「FRESHNESS WARNER」では、実行メンバーの一角を担い、GREEN DAYの来日を実現させ、邦楽の馬場俊英やROCK'A'TRENCHなどと共演させた。２０１０年にはワーナーミュージック創立40周年企画として、吉田時代のワーナーミュージックの所属アーティストのヒット曲を1枚に収めた、コンピレーションアルバム「花鳥風月」をディレクションする。

そして、２０１０年6月にデジタル関連部門を一箇所に集約したデジタルビジネス本部本部長に就任。ワーナーミュージック全アイテムのデジタルビジネスの総責任者となっていった。

「コブクロ、絢香、Superflyと、立て続けにヒットを出した。さすが敬さんだと思った」（大谷）

デフスターのメンバーだった大谷には、当時のワーナーミュージックの快進撃がそう映っていたという。吉田が離れたあと、社長は藤原がつとめ、宣伝を大谷が見る形でレーベル運営を続けた。僕らが去った後も、平井堅「瞳をとじて」は大ヒット。BEAT CRUSADERSやモノブライトなど〝らしい〟新人も手掛け、レーベルとしての勢いは継続していたと思う。ブレイク前のAKB48をリリースする先見の明、移籍後『逃した魚たち〜シングル・ビデオコレクション〜』というミュージックビデオを出すところも、デフスターらしいと思った。

レーベルとしてのデフスターは、その後もしばらくは存続した。主要アーティスト、スタッフが他レーベルや他部門に社内異動する中、形を変えつつも、僕らのスピリットを引き継ぐスタッフ達が生き残りを必死に図っていたのかもしれない。

その後、大谷は、ソニーミュージックの別レーベル、ソニー・ミュージックアソシエイテッドレコーズの代表に就任。CHEMISTRYは〝アソシ〟所属となり活動を再開する。

藤原は、ソニーミュージックが完全子会社化したBMG JAPANに出向し、アリオラジャパンの立ち上げに参加後、代表に就任。平井 堅は〝アリオラ〟所属となる。

その後もワーナーミュージックのタイアップ攻勢は続いた。

竹本は、この頃、自ら動いてドラマ主題歌を獲得した。2009年1月クール、フジテレビ系木曜ドラマ「ありふれた奇跡」（主演：仲間由紀恵）にエンヤのアルバムから「ありふれた奇跡」（原題：Dreams Are More Precious）が採用されたのだ。竹本はフジテレビのプロデューサー、長部聡介とともに、エンヤのいるアイルランドに飛んで、直接交渉して決めたタイアップである。２００８年12月の『紅白歌合戦』には特別枠でのエンヤの出演がアイルランドからの中継で実現した。その時の赤組の司会がドラマの主演をつとめる仲間由紀恵だったこともあり、主演女優が翌年にオンエアされる自身のドラマの主題歌を紹介するという〝奇跡〟が実現した。ＮＨＫで結果的に実現したこの番宣みたいな出来事は〝ありふれてない奇跡〟だったと、今でも僕は思う。

RIP SLYMEのシンパとして毎回ライブに顔を出してくれていた、花井譲（当時：ソニー・エリクソン・モバイルコミュニケーションズ）とは、いつか面白いタイアップをやろうと策を練っていた。そんな時、「Cyber-shot ケータイＳ００３」と「BRAVIA Phone Ｓ００４」の2種の端末機のキャンペーンを行うこととなり、30秒のＣＭの中に2機種の広告を入れたいとのことだった。〝話題になる仕掛けを考えましょう！誰も試みたことがないことに挑戦したい〟と言われ、レッド・ホット・チリ・ペッパーズの映画『デスノート』でやった〝吹き抜け〟のＣＭを思い出した。そこで〝1つのＣＭで2機種なら、タイアップも2アーティストでやりましょう！〟と提案し、採用された。Cyber Shot はSuperfly「Free Planet」、BRAVIA Phone はRIP SLYME「GOOD TIMES」、ひとつのCMに2組のアーティストが起用されるという画期的なCMとなった。

ソニー・エリクソンのCMの発表会に出席し、壇上で挨拶を行った吉田は、ソニーを冠する企業のCMにワーナーミュージックの2アーティストが採用されるというこの快挙を喜び、終始にこやかだったことを覚えている。

第11章
快進撃は止まらない

第12章 暗雲

時代は少しずつ、ＣＤが売れない時代に突入していった。ヒットが連続していた僕らは、他社よりそのことに気づくのがワンテンポ遅れた。

そんな中、吉田が、コブクロ、絢香、Superflyに続き、ブレイクの道を模索した新人アーティストはタイスケに所属するROCK 'A' TRENCHだった。そのきっかけは、大阪のＦＭ８０２主催のライブイベント『MINAMI WHEEL』に夕方帯のラジオ番組『ROCK KIDS 802』（ＤＪ：落合健太郎）のディレクター、永谷京子が訪れるところから始まる。

Ａ＆Ｒを担当した奥村武史（現：日本クラウン）は語る。

「あの日のライブに顔を出した永谷さんは、ROCK 'A' TRENCHのリリース前の新曲「Every Sunday Afternoon」に反応した。〈心に染みるロックバラードで、ボーカルの山森大輔が、たまたま見ていたテレビで流れていた、アシュリーちゃん（アシュリー・ヘギ）のドキュメント番組にインスパイアされて書いたものだった。彼女は、全身の老化が異常な速度で進行するという難病を患いながらも、前向きに闘病生活を送っていて、日本からも励ましのメッセージが多数寄せられていた」

永谷は、この楽曲の強さと歌詞の中に描かれた感動的なエピソードに注目し、この楽曲を自身の番組からリスナーに発信していこうと考える。まずは、奥村から完成版に近いオンエア用の音源をCD—Rに1枚焼いてもらい、週に1回、その楽曲にまつわるエピソードとともに、番組でオンエアをする。当初は3通程度だったリクエストが日増しに増え、徐々にリスナーから反応が出て、FAXやメールでの問い合わせが来るようになると、番組で毎日流すようになる。反響は他の番組に飛び火し、他の番組のディレクター達からも選曲を望む声が出てくるが、音源は永谷の手元にしかない。タイミングを見計らった永谷は〝そろそろレコ室に入れてください〟とそう奥村に言うと、さらにレコード室（ラジオ局がオンエアする音源を管理する部屋）にもう1枚CD—Rを手配すると、夕方の帯番組発信でのオンエアから局全体でのオンエアに切り替わっていく。

「きっかけを探していたROCK'A'TRENCHにホップステップの〝ホップ〟がみえてきたような気がしました。あとは、社長をどう巻き込むかが課題だった」

当時、アーティストの存在に目もくれていなかった、吉田を振り向かせるには仕掛けが必要だった。

「A&Rの言うことには耳を貸さない社長が、大阪のプロモーターから〝802で物凄く盛り上がってます！是非、大阪でライブを見てください〟と強引に呼んでもらった」

地方宣伝出身の吉田は、地方プロモーターの直の声に宿る〝真実〟に反応したのだ。吉田が訪れた大阪の小さなライブハウスは番組きっかけで集まったリスナーの熱気に溢れかえり、FM802の主要メンバーが勢ぞろいしていた。ひょっこり現れた吉田は、その〝出来上がった〟光景にビビッドに反応した。東京に戻ると、社長の名前で、全社メールを打った。

「次はロッカトレンチを売ります！」

その大阪のライブハウスで、泣いている吉田の姿が数人に目撃されたという。吉田はその涙をバロメーターに、次の行動を起こす。自らを鼓舞するかのように、先頭に立ってヒットの旗振り役を買って出たのだ。それは、成功が当たり前になっていて、ヒットへの貪欲さを見失いつつあった（少なくとも吉田はそう感じていた）、ワーナーミュージックの現状に〝喝〟を入れる狙いもあったのだと思う。

こうしてROCK'A'TRENCHの5枚目のシングル『Every Sunday Afternoon』は関西地区限定のインディーズ盤としてメジャー盤より1ヵ月先行で発売し、FM802のヘビーローテーションを獲得。大阪発の話題曲として全国に印象付けられた。ミュージックビデオにはドラマ『14才の母』でブレイクした、志田未来が出演した。地方発のFM局での応援体制を背景に旬な役者を起用したミュージックビデオやTVCMの制作。そして、そのパブリシティーを情報番組に出して一気に全国区へ。平井堅から実践してきた、吉田の得意な手法をあらためて、ここで実行した。奥村のいう〝ホップ〟は演出できた。しかし、この曲1発でのブレイクは達成できなかった。しかし、1回火が点いた吉田の動きは加速していく。続いての〝ステップ〟も吉田が自ら動いて、タイアップ獲得に動く。そして、2009年の1月クールのフジテレビ系『メイちゃんの執事』（主演：水嶋ヒロ、榮倉奈々）の主題歌を獲得することになる。

そんな中、吉田の矛先は、A&Rの奥村に向かう。

「曲は主にボーカルの山森とドラムのオータケハヤトが書いていました。彼らに何度も曲を書いてもらい、何度もダメ出しをした。山森から、〝これならいける！〟と思えたミディアムテンポのデモがあがってきたのですが、ドラマ側から疾走感のあるロックナンバーを求められNGに。残り1週間、メンバー全員に曲を書くように号令して。とにかく必死でした」（奥村）

そして、オータケハヤトが書いた「My SunShine」が関係者全員一致で主題歌に決まった。奥村は、アーティスト性は一旦おいておいて、〝とにかく良い曲を〟という想いで強引に進めたため、メンバーとの関係が一時ギクシャクしたほどだったという。初回の関係者試写用のDVDを見た、吉田からの反応は冷ややかだった。

「音がたってない。MA立ち会って、ボリュームあげてこい！」

奥村はプロデューサーの携帯を何度も鳴らしたが、取り合ってくれない。結局、MAには立ち会えなかったという。祈る想いで初回放送を迎えると、いきなり着うた®のダウンロード数が炸裂した。メンバーも楽曲の好反応に気を良くし、わだかまりは徐々に解けていった。ドラマの評判とともに、楽曲はロングヒットし、着うた®の当時のヒットバロメーターである100万ダウンロードを突破。チームにも安堵の空気が漂った。しかし、状況はまだ〝ステップ〟だった。アルバムでのブレイクに向けて、もう1、2曲のヒット曲が必要だったが、タイアップもメディアプロモーションも各現場総力をあげて成果を出していったが、数字にはつながらなかった。メジャーファーストとなるアルバム『ACTION!』は4万枚で売上げが止まってしまった。当時の感覚では失敗だった。時代の変化とともに吉田の手法が通用しなくなってきたのではという漠然とした不安が胸をよぎった。

時代の流れを敏感に感じた吉田も360度ビジネスに向けて、舵を切り始める。360度ビジネスとは、レコード会社がCDだけの売り上げに頼らず、コンサートやマーチャンダイジング、広告出演など、本来、事務所の領域である権利も獲得し、多角的に利益を追求できるシステムを構築して行うビジネスのことである。まず、最初に白羽の矢がたったのは、BONNIE PINKのヒット、Superflyのブレイクで急接近していた音楽事務所タイスケだった。その頃、吉田と森本との信頼関係はさらに深まり、M&Aという手段でタイスケの株を買収し、ワーナーミュージック傘下としたのである。吉田は、まずはタイスケから360度ビジネスを学び、模索していこうと考えたのだ。しかし、手法が強引すぎたのか、それをきっかけに吉田と森本との関係がギクシャクし始める。英語が得意な森本が吉田を飛び越えて海外の役員と直接折衝を始めるようになった。レコード会社と事務所との間の根本的な溝は、M&Aでは埋めることができなかったのかもしれない。

「日本型マネージメントビジネスに外資系のレコード会社の事業計画を持ち込むのには、かなりな無理があることを学びました。本人稼働しない限り、売上や利益をあげることができない。レーベルはアーティストとの契約が終わっても原盤が残るけど、マネージメントはアーティストがいなくなったら（一部原盤・出版はあるものの）ほぼゼロになってしまう。カタログビジネスの発想はここでは通用しないのだなと」（大堀）

一方、デフスターからthe brilliant greenが移籍してきた。吉田を頼っての事務所ごとの移籍だった。360度ビジネスを推進していく上で、良いケーススタディを学ぶことができる。研音にも筋を通した上での移籍だった。

その受け皿として社内に、フォーティーワンという事務所を立ち上げたが、レコード会社スタッフだけではマネージメントノウハウの蓄積もなく、ビジネスを軌道に乗せるには色々な困難が生じた。

「敬さんは〝REBIRTH〟の次は、〝MUSIC+1〟というキャッチフレーズで花火をあげてからそれを実行に移すべく、CDセールスだけに頼らない、あらゆる可能性を模索しました。宣伝費については、ワーナーミュージック・ジャパンにも一定の金額までは決裁権が与えられているのに対し、新事業への投資に関してのハードルはめちゃくちゃ高かった」(大堀)

会社が新しい動きを模索する中で、吉田から評価されていたコンピレーション職人、酒井はTSUTAYAの増田宗昭に認められて、アイビーレコードを立ち上げ社長に就任することになり、ワーナーミュージックを去る決断をした。

そんな中、四角が自らレーベルヘッドを務めるRealnoteのアーティストの活動方針やブランディングについて、吉田と対立するようになっていった。アーティストに近い距離にいるA&Rは、そのアーティストのメンタルやフィジカルの調子を敏感に感じ取り、どうドライブしていくかを第一優先にプランニングしていく。吉田はアーティストがスマッシュヒットを連発し、実績を示すことで、どうスポットライトを浴び続けていられるかを軸に考える、その起爆剤の一つがタイアップということになる。
「今までは、僕がどんなに暴走しても、社内で孤立し四面楚歌になっても、敬さんは黙認して見守ってくれた。心から尊敬して大好きだった敬さんとの、これが文字通りの最初で最後の全面対立となってしまいました。今思い出しても胸がキリキリします」(四角)

A&Rとしての延長線上に社長業があり、ヒットを出し続けることが、至上命題だった吉田と現場A&R四角との深刻な対立は、ワーナーミュージックの将来に漠然とした不安を生んでいくことになる。

それでも、吉田は、前に進もうと模索する。その起爆剤が、ワーナーミュージック創立40周年だった。〝コンベンションを越える最大規模のお祭りにしたい!〟吉田の強い意思で日本武道館がおさえられた。所属主要アーティストが一堂に介する、ライブイベントを秋に開催することとなった。

そのイベントは〝100年先も色あせない音楽を届けたい〟という想いのもと〝100年MUSIC FESTIVAL〟と命名された。『VOICE POWER AUDITION』という名のボーカルオーディションも同時に行われ、優勝者の初パフォーマンスが武道館で行われるという仕掛けも実行することとなった。また新人アーティストの獲得にも、積極的に動く。

後にデビューするandropを獲得する際には、マネージャーに〝ノッてるA&Rがいます〟とだけ伝えて、吉田が社長兼A&Rとして交渉の場に自ら乗り込んだこともあった。

そしてタイアップ。

コブクロは『東京タワー』以来となる、フジテレビ月9枠『流れ星』(主演：竹野内豊)の主題歌が決定。

山下達郎の6年ぶりとなるニューアルバム発売に向けて、映画『てぃだかんかん～海とサンゴと小さな奇跡～』(監督：李闘士男、主演：岡村隆史)に出資を決め、タイアップを獲得し、主題歌「希望という名の光」を発表。続いて、TBS日曜劇場『新参者』(主演：阿部寛)主題歌「街物語(まちものがたり)」を連続リリース。アルバムへの導線を敷いた。

Superflyでは、NHKに自ら動き、「タマシイレボリューション」でFIFAワールドカップ、アフリカ大会タイミングでのサッカーテーマソングを獲得。それぞれのアーティストのタイアップ獲得でヒットへの盤石の態勢を整えていった。

そんな中、吉田の異変に最初に気づいたのが竹本だった。

「前日、どんなに遅く飲んでも、朝来るのが敬さんだった」

新入社員時代の吉田が〝雲の上の人〟稲垣常務（当時）が毎朝必ず定時前には出社している姿をみて、若手社員は絶対に遅刻できないと悟ったように、竹本も反発から入った新社長、吉田が朝必ず来るのを目撃し〝負けたくない〟一心で自分も出社を続けた。それは、管理職に抜擢された今も変わらずで、〝鬼軍曹〟自ら定時出社を欠かさないことで部下に模範を示していた。その吉田が、朝来なくなったのである。

ある日のこと、吉田招集による社内飲み会が行われ、竹本も参加した。しかし、その会は30分も経たずにお会計となる。いつもなら、そのままタクシーを拾って帰宅するはずが、なぜか自分と一緒に電車に乗り込んできたという。

「大丈夫ですか？」

思わず、口をついてその言葉が出た。なんともいえない吉田の笑顔に不安になった竹本が、体に触れると、夏でもないのに汗でぐっしょりとシャツが濡れていたことに驚いたという。

「何かおかしいと感じ始めたのは、この時だったかもしれない」

そんな竹本もワーナーミュージックを去る決断をする。エンタメ路線に力を入れようとしたローソンの当時会長だった新浪剛史の目に留まり、ローソンエンターメディアの役員に就任することになる。宣伝部を体育会系の組織に仕上げる傍ら、自ら動いて番組のブッキングやドラマ主題歌を獲得していた竹本がいなくなることは、僕らにとっては大きな痛手だった。

ソニーミュージックから異動してきた僕らは、何度もプレッシャーに打ち勝ってヒットを出し続けた吉田の姿をみてきたので、その異変に気づくのが遅れた。怒涛の忙しさの日々のなかで、今までは欠かしたことのなかったポイントの会議に欠席する姿も目立つようになっていった。僕が初めてその異変を感じるようになったのは、普段聞かないような弱音をいつになく吐くようになったあたりからかもしれない。何かいつもの吉田と違うぞという違和感が薄く胸にただよいはじめてきたように思う。

「これぐらいの頃から、敬さんの判断の仕方がいつもと違うと感じるようになってきました。僕も違うと思ったことは敬さんに言う方だったので、その結果ちょっと距離を置かれてきてるなという自覚はありました」(大堀)

そして、ついに四角は退社を決断した。ワーナーミュージック入社前から動いていた、ニユージーランドの永住権が遂にこのタイミングで取れたのだ。彼の担当する絢香は活動休止を選択し、活動休止前のシングル「みんな空の下」が、四角自ら動いて決めた、花王「アジエンス」CMタイアップと、7月から大晦日まで長期間にわたってのTV歌番組出演での相乗効果もあってスマッシュヒット。この曲がリード曲として収録された、ベストアルバム『ayaka's History 2006-2009』がミリオンを達成した。吉田にとっては、ワーナーミュージックに来て7枚目、ソニーミュージック時代からは通算13枚目、そして、最後のミリオン達成アルバムとなった。四角が踏ん張ってブランディングを貫いたからこそのヒットともいえるし、活動休止前の絢香を自身の世間への発信が共感を生み、期せずして彼のいう〝世間とのタイアップ〟になってしまったからだともいえるのかもしれない。

「学生時代からの夢、ニュージーランドの湖の畔で釣りやアウトドアを仕事にして、大自然と共に暮らす」

彼はデフスターに異動してくる前、もっと言うならソニーミュージック入社前の原点に戻り、業界から去る決断をしたのだった。彼の意思は固かった。社内では、吉田と対立しA&Rとしての意思を貫き去っていった、四角に対して批判的な意見も多かったように思う。

研音、野崎俊夫は語る。

「毎日会社に来ていた吉田くんが、顔を出さない日が続くと、さすがにこちらも何かあったのかなと不安になる。ワーナーに電話したら秘書が出て、ホワイトボードには研音となってます……というから、、ますます心配になる。携帯に連絡すると〝いま、病院にいて……〟ということがしばしばあった。どこか体の具合が悪いんじゃないか……ひょっとしたら悪い病気が発見されてそれを隠してるんじゃないかなど心配したことを憶えている」


そして、さらなるプレッシャーが吉田を襲う。所属アーティストの不祥事だった。


当時広報室長となっていた、池田鉄也は語る。

「あの時を象徴する不祥事として、JAYWALKのボーカル・ギターの中村耕一が覚醒剤取締法違反で逮捕されるという事件が起きました。こういうときの対策マニュアルは、早めに記者会見を行うこと。メンバーは逮捕されているので事務所の代表か所属レコード会社の社長がそれを行う。〝どうしたらいい？〟と聞かれたのでそう答えたら、〝全て任せる〟と言ってくれました」

吉田のマネージメント術として、信頼を置くスタッフに全部任せるというのがある。しかし、この場合は弱って追いつめられていた吉田が、池田に〝丸投げ〟するしか選択肢がなかったのかもしれない。

こうして、この謝罪会見は池田が全面的に仕切ることになった。逮捕の報道があったその日の夕方に都内のビジネスホテルのカンファレンスルームをおさえて記者会見を開いた。対策マニュアルをその日中にあげ、さっと目を通した吉田は〝これでいい〟とつぶやいた。想定Q&Aを作り、記者からの質問に対して準備して臨んだ。傍から見る限り、吉田は堂々と落ち着いていたし、淡々と質問に答えていった。そのとき、マニュアルにない質問がとんだ。

「作品を出荷停止にした理由は?」

「けじめですね」と臆せず即答した。

当時、コンプライアンスという概念もあったが、〝作品に罪はない。出荷停止は行き過ぎなのでは〟という世論をとらえた鋭い質問だったが、池田曰く「100点満点のアドリブ」で切り返していた吉田の言葉選びのセンスと度胸にあらためて感心したという。

僕も、表情こそ曇っていたように感じたが、この日の会見も社長としてしっかりやり遂げたという印象を持った。

ある日、宣伝部長になっていた、鈴木竜馬は、吉田に呼ばれた。

「全てがミリオンヒットでなくても良いので、お前の方程式でいいから、お前の好きなものを作れ」

第2レーベル準備室という名の制作部署を作ることになった。360度ビジネスを見据えた今までと違う、新機軸のレーベルを目指す。これが後のunBORDEになっていく。

「敬さんは、ミニマムがミリオンみたいなことを言ってたから、俺の感覚とは違っていた。俺は自作自演のアーティストしか興味がなかったし、コンサートもドームクラスというよりはアリーナまでで良いと思っていた。そんな俺に敬さんは宣伝部長を任せてくれた。その経験が自分には大きかった。宣伝部長って聞こえはいいけど、実体は謝り仕事ばかりだった。サンプルが届いてないとか、ダブルブッキングしたとか、宣伝経験もなかったこともあり、意外と大変な仕事だった。それを敬さんに言うと〝だろ?〟ってニヤニヤして言われた。それでパッと景色が広がった。地方を大事にしている敬さんだからこそ長万部から石垣まで誰でも知っていることがヒットだよと、デカいマーケットを体で感じることができた」(竜馬)

吉田は、自分のヒットに対する感覚が絶対ではないこともわかっていた。そこで、自分の価値観と違うところで勝負をしていた竜馬にあえて宣伝部長としての経験を積ませたうえで、第2レーベルを任せようと考えたのではないか。

この頃、吉田はソニーミュージック時代の同期である一志と六本木に飲みに行ったという。一志は、吉田からこう言われたという。

「友達でいいから、ワーナーに来てくれないか?」

さすがに一志は即答はできなかったが、いつになく弱気な吉田の言葉に驚いた。会が終わり、見送った吉田の後姿はどこか寂しそうだったという。

「同期でひたすら真面目で実直に頑張る吉田はそこを評価され、ヒットを出し、出世していった。でも負けが一度もなかったように思う。大相撲でいうと、いつも全勝優勝を目指している感じ。負けたことがないことが彼の弱点になったのではないか」

大谷は、FM大阪が主催するゴルフコンペで、突然、吉田に声をかけられたという。ちゃんと会話するのは、吉田がデフスターを辞めた時以来だった。

「それまではバッタリ遭遇しても素っ気なくされることが多かったので、意外な気がしたし、普通に会話できた事がすごく嬉しかった」

吉田はちょっと、はにかんで照れてはいたけれど、元部下との久々の会話を楽しんでいたという。しかし、大谷にとって、この日が吉田と話した最後の会話になった。

「敬さんは、多分すごくいい人なんだろうなみたいな雰囲気があった。上の人の威厳を持たないといけないから、色のついた眼鏡をあえてかけてたのかなとそういう裏を考えちゃう」（堂珍）

「業界人のボスっていう、風格がありましたよね。寂しいっすよね、、また飲みてぇなって思いますよね」（川畑）

僕らが離れた後のCHEMISTRYは、各自のソロ活動を経て２０１７年に再始動した。その際には、彼らが自らの意思でプロデューサー・松尾潔との再会を選択し、現在に至っている。この20年、彼らは自身で考え、方向性を模索しながら、現在の位置に辿り着いている。２０２２年、２月23日、彼らのデビュー20周年アニバーサリーとして開催された、日本武道館ライブでは、「PIECES OF A DREAM」から始まり「PIECES OF A DREAM」で終わる集大成ともいえるセットリストの中でも14曲目の「FLOATIN'」から始まる後半のブロック、会場のボルテージは最高潮に達していた。

〝妹分〟大塚が吉田と最後に遭遇したのは、西麻布の交差点だった。

「（研音とデフスターの共同マネージメント会社の社長として）ドタバタの日々を送っていて、

平川地一丁目のテレビ出演やナチュラルハイのパワープレイが決まりだした頃でした。タクシーに乗り込もうとしているところで、何度も「タカシさん！タカシさん！」と振り返るまで叫びました。〝よかったな！〟やっとこちらを向いた敬さんからそう言われました。そのシーンが敬さんを偲ぶたびにくっついてきます……今でも」

「VOICE POWER AUDITIONの最終審査。敬さんは結果に興味がないのかなと思ったが、審査会議に突然やってくると、指田郁也（現：指田フミヤ）でいきたいと断言し、オーディションの空気をリードした」（河村）

この審査には吉田からのアイデアでラジオ局の関係者も審査員に名を連ねていた。吉田の重みのある一言で流れが変わったという。吉田は審査が行われた、高田馬場の会場をでると、その足で渋谷のライブハウスに向かった。竜馬unBORDEの第1号アーティスト、〝神聖かまってちゃん〟を見るためだった。

関谷は、ワーナーミュージックを辞める際に、僕や吉田と感情的なしこりを残してしまっていた。吉田が、競合他社に移ることを良しとしなかったからだ。僕も吉田の気持ちに追随した。新天地で実績をあげつつあった彼はやっと気持ちが落ち着いて、〝あらためてちゃんと感謝を伝えたい〟と思い、ある日のワーナーミュージックを訪れた。僕は、関谷との久しぶりの再会はちょっとバツが悪く、照れ臭かったけど、良い会話ができたように思う。〝吉田さんにも挨拶がしたい〟と言ってくれたので、二人で社長室に向かうが会議中だった為、会うことができなかった。それが今でも悔やまれるという。

かつての〝バディ〟だった市井は語る。

「その後（レコード協会などの）会合で吉田さんと会っても、目を合わせてくれなかったですね（苦笑）。まあ、吉田さんの立場からすると怒っていることは理解できますので、しょうがないと諦めていて、もう二度と話せなくなるんじゃないかと思っていました。でもその後1年ぐらい経って、何がきっかけかわからないですけど、ある日突然、吉田さんから〝どうですか？最近は〟みたいな感じで話しかけてもらったことが、非常に嬉しかったですね。その後、そういう会話が少しできるようになりました。その時に本当は私の方から（以前のように）〝困ったことありませんか？〟って聞けば良かったのかもしれないけど。お互いの立場もあるし、難しい距離感でした。もちろん、私が辞めたあとの吉田さんがどうだったかは知る由もないですけれど、吉田さんが、ハッピーに仕事ができてたのかなって、今でも大きなクエスチョンなんですよ」

久保田利伸の所属事務所、ファンキー・ジャムの大森社長は語る。

「タカシはある意味さっぱりしていた。べたべたした人間関係は求めず、他人に自分への理解を求めなかった。人と人をつなぐ怪物で、固執はしない。歌のうまい人が好きで、自分が好きになれないと頑張れない。だから、久保田と一緒にいることが好きだった。仕事ができる分、社内では孤立していたけど、外にはタカシフリークがいっぱいいた。社員さんにとっては刺激的で面白味のある良き存在だったと思うけど、俗に言う社長業は向いてないんじゃないかな。タカシなら、社長じゃなくても、どこでも通用していたと思う。(ワーナーミュージックの社長就任後も)たまに会社に来ては、珍しく愚痴を言っていたけれど、もっともっと聞いてあげればよかった」

そして2010年、10月に突入したある日、僕は社長室に呼ばれた。吉田から「しばらく休むことにした」と告げられた。僕は、それでも現状を深刻にとらえることができずに、「外国でも行ってのんびりすれば良いんじゃないですか」と返した。気休めにしか聞こえなかったのかもしれない。

「そういうことじゃないんだよ」と叱られた。

それが僕が吉田と最後に交わした言葉だった。

「いろんな葛藤があったんだろうけど、やっぱりワーナーのトップになってからが一番ストレスが大きかったんじゃないかな」とＴＢＳ高田は僕にそう語った。

アーティスト陣を守り、社員の長をつとめること、その責任感ゆえのプレッシャーが大きくのしかかっていたんだと思う。

「病気の件は、直接は聞いてなかったが、共通の友人からそれとなく情報が入っていたので心配していた。プレッシャーには強いタイプだと思っていたのだが……」（高田）

吉田が亡くなる前に、高田から「様子がおかしいから、気をつけるように」と言われたことを思い出す。直属で一番近かったはずの僕がなぜ気付けなかったのか、悔やんでも悔やみきれない。

亡くなった報告は僕から高田に連絡した。

「訃報を聞いて、気がついたら、会社近くの赤坂日枝神社に行っていた。そこでただひたすら呆然と立ち尽くしていたよ」

突然の訃報はスポーツ紙にも掲載された。

ＴＵＢＥの所属事務所、ぐあんばーるの菅原社長は語る。

「スポーツ紙の記者から携帯に連絡があり吉田君の訃報を聞いた。いてもたってもいられなくなり、電話の途中でご自宅に向かった。とにかく動揺して動転して。到着してしばらくするとあなた方が来た。もうあんな男が現れることはないのかな。われわれ芸能界の裏方の中で亡くなって10年以上経過した今でもこうして思われたり、語られたりする人はあまりいないんじゃないかかな。それだけ彼がしてきた功績は大きいと思うし、今のSNS時代にも、ヒットを生むための何らかのヒントを残してくれているんだと思う」

吉田が亡くなったあの日。僕らワーナーミュージック・ジャパンのスタッフより先に吉田の自宅の前に到着していた菅原は、遅れて現れた僕らを見るなり「遅い！」と一喝した。その姿が、今でも鮮明に記憶に残っている。

「驚いて駆けつけたかったけど、それがかなわなかったことが悔やまれる」(土屋)

土屋は吉田とのこんなエピソードを語ってくれた。

「『電波少年』で吉田さんの会社(ソニーミュージック)にアポなしに行ったことがあるんですよ。そしたら吉田さんから電話がかかってきて〝来るんだったら1本電話くださいよ。でも、しないですよね……〟って言われた。その時にあらためて〝俺はこの業界に友達作っちゃいけないんだな〟と思った。宿命として電話できない。そうすると〝アポなし〟じゃなくなっちゃう。テレビとして、コンテンツとして一緒に積み上げて、積み上げて、積み上げて奇跡を作ってくれた、大切な仲間の1人ですよ。普通はミュージシャン側にたって守る側にまわるということがあるんですけど、吉田さんはもう1歩こっちに近づいてくれるというか、こっちの意図みたいなものをちゃんと理解して作ってくれるというか、このバランスは本当に吉田さんだけでしたね」

コブクロの元に、訃報が届いたのは、宮崎へのライブのため羽田空港から飛行機に乗る直前だった。保安検査場を越えたところで、電話をとったマネージャーの三浦が、全然戻ってこない。血相を変えて走って戻って来た、三浦の口から聞かされたという。

「衝撃度合いはハンパなかった。結局、そこから一回バランスを崩してしまった。僕らは、片翼の飛行機になってしまったんですよね」(小渕)

吉田が、最後に決めたドラマ主題歌「流星」(フジテレビ系月曜9時『流れ星』のプロモーションを終え、翌年シングル2曲をリリースした後のツアーの最終日のアンコールで、小渕の声が出なくなった。コブクロは、ブレイクしてから初めての活動休止期間を迎えることとなった。

「正直、辛い記憶の方がまだ強くて」

黒田は、声を絞り出すように吉田への想いを語ってくれた。

「あの時のことを振り返ると、時代が確実に動いたじゃないですか。吉田社長を筆頭に、こちら側に時代が引き寄せられていくのを目の当たりにして。僕ら自身もその中心にいた。いろんな偶然とそれを引き寄せるアイデアと、それを絶対逃さないという行動と信念というか。いろんな要素がかみ合わないと、あんなことって起きへんねんなと。今思えば全部吉田社長の正解だったんですよ。だから紆余曲折もありましたけどJ-POPの厳しさ、好きなことだけやって売れると思うなよ、お前らJ-POPなめんなよって教えてくれた。吉田社長が亡くなったというところにまだ触れられへん。亡くなって以降、箱の中にしまっていることの方が多かったんですけど、すごく大事なものがその箱に詰まっていると実感しました」

小渕の想いも同じだ。

「あの時に、あれだけ僕らに〝越えてこい！超えてこい！〟ってハードルを課してくれて。僕は負けたくなかったし、悔しくてしょうがなかった。ビジネス的ではなく、その場限りでもない。〝もっと良くなる！もっとこい！もっとこい！〟って育てられたなと思いますね。音楽を作ること、そして音楽を届けること。今喋っていても、あの時に得たブレない何かを感じることができる。出口の太さや、細さは違うかもしれないけど、僕らは太くい続けようと、25年歌い続けることができた。そしてあの時作られた曲が25周年のツアーでも求められて、僕らも歌いたいし、会場が沸くという、その事実が全てを物語っているんだと思います」

コブクロの制作担当、阿部の手元には、翌日一緒にコブクロの宮崎公演に行くはずだったエアーチケットが残された。

「会社に魔法をかけてくれて、チルドレン（直属の部下ではない）じゃない僕にでも幸せを与えてくれた人だった。会社で初めて契約したK-POPグループの担当に指名してくれたのも敬さんだった。また、コブクロは、自分だけの力で売ったわけじゃないということは自分が一番よく分かってますが、その経験が今でも仕事に活きています」

酒井はアイビーレコードを立ち上げ、その第1弾アーティスト、唄人羽を仕掛けるとき、吉田の手法を真似てアーティストの地元、福岡に振り切ったメディア戦略を実現させた。その後、レーベルには、吉田がかつて手掛けた森大輔やROCK 'A' TRENCHの山森大輔が所属。吉田との縁を感じながら、レーベル運営を続けたという。

市井がEMIミュージック・ジャパンのCEOの職から離れ、特定非営利活動法人映像産業振興機構（VIPO）の専任理事・事務局長に就任後、会社の人事から部下をVIPOアカデミーに勉強に行かせたらどうかと提案があった。このVIPOでは、僕らエンタメ業界の人材育成や海外展開支援を積極的に行っている。数多くの事業の一つに、VIPOアカデミーがある。レコード会社や映画、ゲーム会社などのコンテンツ企業、レーベルから将来の新たな経営幹部リーダー候補生を募り、リーダーシップなどを学べるコーポレートリーダーコース、プロジェクトをリードするために必要なスキル、知識が学べるプロジェクトリーダーコースや、コンテンツ業界に特化した法務や経理が学べるコースなどを運営している。僕らにとってはなかなか体得できない知識を吸収する場であると同時に、その講座を通して出会う人材交流の場でもある。

市井の新たな仕事に興味があったので、早速、部下を2〜3人送り込んだ。最終日の成果発表のセッションは、上司である僕も参観に行けるという。彼らが生き生きとプレゼンする姿をみて、形を変えた〝REBIRTH〟プロジェクトがここで行われているのだなと思った。吉田と一緒にワーナーミュージック・ジャパンの黄金時代を牽引した経験と知識をしっかり後の世代に引き継いでいこうという市井の強い意志をそこに感じた。

岸本は、〝弟子だったお前が後を継げ！〟とソニーミュージックの村松俊亮社長から激励され、デフスターの代表に就任した。赤字体質からの脱却を目標に不採算アーティストの整理、経費の節減を断行した。もう一度スタッフの気持ちをひとつにするため、スパラクーアで決起集会を行った。そして、就任後の決算で数期ぶりの黒字化に成功。岸本は、吉田の自宅のある方角に向いて手を合わせたという。その後、レーベルとしてのデフスターは、ブレイクの兆しをみせるAimerの仕込みが終わったところで、他のレーベルに吸収される形で、終焉をむかえることとなった。

「結果をだすところまでは敬さんに見届けてはもらえなかったけど、A&Rのタイプとしては(恐らく敬さんの理想とは)全く違う形に育っていた自分に、〝レコード会社の中で、自身がレーベルヘッドになれる〟という、A&Rなら誰しもが憧れるポジションを作ってくれたことに感謝しかありませんでしたし、その恩返しとしても絶対に頑張らなくてはならない」(竜馬)

竜馬は吉田が亡くなったあと、そう心に誓ったという。

unBORDEは、吉田を失ったワーナーミュージックの中で、きゃりーぱみゅぱみゅ、高橋優、androp、ゲスの極み乙女。、WANIMA、あいみょんなど数々のヒットアーティストを生みだし、時代を席捲することになる。

竹本は吉田が亡くなった翌年、ローソンエンターメディアを1年で退社し、ワーナーミュージックに執行役員プロモーション本部長として戻って来た。石坂敬一が新会長に就任するなどの激動の中で、吉田の残したワーナーミュージックを支え続けた。役員を退任した後に、ユニバーサルミュージックに入社。まだ記憶に新しい2022年の映画『ONE PIECE FILM RED』の主題歌、ウタ（ＡＤｏ）の仕掛けを実行したのは、この竹本である。東映のプロデューサーの元に飛び込んで、グローバルヒットを実現させた、彼の中にも吉田の遺伝子が色濃く息づいている。

大堀は、吉田が亡くなったという事実に向き合いながらも、今後の会社の運営について、色々なことが一気に押し寄せてきて、嵐の真っ只中にいるような日々が続いたという。そして1年後、新しい体制がスタートすると、ひとつの節目だと感じて、ワーナーミュージックを去る決断をした。大堀は、その後トイズファクトリーの専務に就任。ここでもきっと、補佐役に徹しているのだろうと思う。

藤原は、たまに平井堅の初武道館での吉田のことを思い出すという。

「記念すべき初武道館、僕は自分が担当でしたが、父が危篤だったので行けなかったのです。敬さんはアーティストと話すのが得意じゃないし、きっかけがつかめない時代の平井堅には寄っていかなかったので平井堅に対してはビジネスライクなのかと思ってたのですが、スタッフがアンコール前に通路に出てきたら違うドアから出てきた敬さんが涙を拭いていたそうです。達成感や責任感があり、ひとつの目標を達成できた安堵と共に。〝なんだ、やっぱり愛もあるじゃん！〟と後で聞いて嬉しくなりました。またその日終わったあと敬さんから電話を貰いました。〝無事に終わりました、素晴らしいライブでした〟という報告とねぎらいの留守電でした。ライブ終了後で忙しかったはずなのですが、普段そんなことしない人がわざわざ留守電に残してくれました。自分もその武道館に行きたかった無念の欠席でしたけど、父の事で病院は離れられないし、心も弱くなっていたので、病院の帰り道に留守電を聞いて泣きました。実はそういう人の気持ちがわかる人情の人なのです」

石田は、『嫌われ松子の一生』の後も、吉田と新作映画の構想を練ったり、レコード会社主体で制作する映画ビジネスを模索したが、実現には至らなかった。

吉田が亡くなる1カ月前にも、カジュアルな飲み会を開き、意見交換をしたばかりだった。

翌日、吉田から石田に連絡が入り、体調がすぐれず早めのお開きとなったことに対して謝られたという。

訃報が入っても、最初は何のことかわからなかった。そして、なぜか吉田とともに参加した新入社員研修の風景を思い出したという。石田はソニーミュージックに入社して行われた新入社員研修を途中でドロップアウトした。個性的で押し出しの強い同期とその時の自分を比べて勝てる要素が何もないと正直思ったからだ。

自信を失くし、精神的にやられてしまった。1回壊れた自分が、回復できたのは、入社後の大阪での転勤生活とその時のざっくばらんで気さくな上司のおかげだった。しかし数年後、その上司は突然自ら命を絶ってしまった。

「壊れた僕を救ってくれた上司と彼を重ねてしまった。弱みをみせない吉田くんにも、繊細でデリケートな部分があったことをその時、思い知らされた。『嫌われ松子の一生』は、クランクイン前から色々なトラブルが発生して、大変だったけど、そんな時に彼と再会し、バッチリ組んで、プロモーションもすごくうまくできた。〝結果良ければすべて良し〟で、やって良かったという作品になった。プロデューサーとしての仕事の中で自分のキャリアにもなったし、難題に向かって処理していくというスキルアップにもつながったと思う。僕にとっては『告白』よりも『八日目の蟬』よりも、強烈な記憶として忘れられないターニングポイントになった一番重要な作品となっています」

ホリプロ菅井は、僕に吉田との間の幻の企画の話をしてくれた。コブクロが初めてミリオンを達成したアルバム「NAMELESS WORLD」に収録された「同じ窓から見てた空」を映画にしたかったという。

「(歌詞の世界にあるように)夏の終わりに田舎から都会に出て働く同級生達が戻ってくる。当時の仲良しのメンバーは盛り上がった同窓会のあと、母校に忍び込む。グラウンドに輪になって腰を下ろし、空を見上げながら、過去の思い出話や恋愛話を語り合う時間。ほろ苦い過去の記憶からやがて現実に戻っていく、そんな1日を描きたい」

この歌詞に感銘した菅井は更にこう熱く語ってくれた。大阪から寮生活のため早くに実家を離れた吉田と、菅井にこの歌詞に対する共通する思いがあるのだろう。

この企画は今のところ、幻に終わっているが、いつか菅井の号令のもと実現する時が来るかもしれない。ホリプロの社長室で菅井は、スマホ画面を僕に見せた。そして、YouTubeにあがっているコブクロの「同じ窓から見えた空」のライブ映像を2人で見た。菅井の横顔をながめながら、遺された僕たちにはまだまだやり残したことがあると改めて思った。

エピローグ

敬さんの訃報はあっという間に、業界中にかけめぐり、僕らはその対応に大わらわだった。混乱を避けるため葬儀は、家族葬で執り行うこととなった。ワーナーミュージック社員の参加も極力少なくしたが、マスコミの直撃取材も想定されたので、宣伝部のテレビ班のメンバーを遊軍的に控えてもらうことにした。

たまたまニュージーランドから仕事で帰国していた四角の電話を受けたのは、敬さんが亡くなって、その対応で一番バタついていたタイミングだった。誰から聞いたのか、家族葬に参加したいという。すでに会社に籍のない四角を特別に呼ぶのはためらいがあった。結局悩んだ末、その申し出を断ることにしたが、〝ある情報〟を彼に伝えた。

出棺の際に、敬さんを載せた車が、会社のある青山ビルの前を通ってもらうように手配していて、人事部を通じてその旨を全社員向けに発信した。参加したくてもそれが叶わない社員に向けたメッセージだった。

会社の前は国道２４６号線が通っている青山一丁目交差点である。結局、式に参列できなかった、ほぼ全社員がその沿道に揃って、敬さんを見送った。そして、その社員の列から、道路を挟んで向かい側の沿道に四角の姿もあったという。

そして、企画を主導した敬さんが不在の中、２０１０年10月30、31日の2日間、ワーナーミュージック創立40周年ライブ「１００年MUSIC FESTIVAL」が予定通り、日本武道館で開催されることとなった。追悼コンサート的な要素は、コンサート演出から、極力外し、来ていただいたお客様に楽しんでもらえるイベントを目指した。

そこには、〝１００年先も色あせない音楽を届けたい〟という想いのもと、九州男、コブクロ、Superfly、竹内まりや、トータス松本、馬場俊英、the brilliant green、BONNIE PINK、山下達郎、RIP SLYME、ROCK'A'TRENCHというワーナーミュージック所属の主要アーティストが世代を超えて終結した。そして、ボーカルオーディションの優勝者、指田郁也（現：指田フミヤ）のパフォーマンスもあった。

出演アーティストからは、口には出さないものの、敬さんへの想いを背負ってパフォーマンスしている。そのことが痛いほどスタッフには伝わってくる。

2日目最終日の中盤、ついに竹内まりやと山下達郎が登場した。竹内まりやは「皆さんが失恋や、弱い気持ちに苛まれているようであればこの曲で元気が与えられれば」と、「元気を出して」を披露。さらに「この年になるまで音楽を続けてよかった」と話し、「亡くなられた吉田社長もとても大好きな曲でした」と「人生の扉」を歌い上げた。

そして、山下達郎。デビューして35年、日本武道館でライブを行うのは初めてだという。「私はワーナーミュージックの全アーティスト、スタッフ、従業員の中で最年長です」と話して会場を沸かすと、自身のコンサートツアーの定番曲「SPARKLE」を披露。そして、おもむろにこう話し始めた。

「次は、吉田くんが自ら命を絶つ1週間前に、僕のライブで聴いていた曲です。35年間歌ってきて、歌は人の幸せに尽くすためにあると思うけれど、時には人の悩みが大きければ、ちっぽけなものになることもある。それが、今の僕にとっては残念でなりません…ただ、決して生きることは放棄してはならない。一言も話さないつもりだったけど、これだけは言いたかった！」

と、「希望という名の光」をパフォーマンスした。達郎さんのメッセージに会場にいた社員一同、励まされ、心があたたまり、そして亡き敬さんのことを想って涙した。

トリは、コブクロが飾った。

「俺らしか、おらん！と思ってやった。育ててもらった。ここまでしてもらったという想いを胸に」（黒田）

「これが一番の恩返しやと思って歌いました」（小渕）

季節は冬になりかかった、秋の1日。イベントの最後を飾った曲は「桜」。この曲以外の選択肢はなかった。小渕のギター1本のみの、2人が最も得意とするストリートスタイルでのパフォーマンスだ。

2コーラス目が始まると、観客席からの歌声が2人の耳に届いた。彼らはマイクを離し、ギターの演奏を止めて、肉声のみで歌い始めた。総立ちの観衆の歌う声に寄り添うように。

〝敬さん、聴こえてますか？〟

コブクロは、1万2000人の総立ちの観衆とともに「桜」を大合唱し、イベントはフィナーレを迎えた。

そして、11月18日、敬さんの「お別れの会」が行われた。音楽関係者、所属アーティストが多数参列した。その中には久保田利伸やTUBEのメンバー、平井堅の姿もあった。

関係者を代表し、ラクラン（ラッキー）・ラザフォード（当時ワーナーミュージック・ジャパンの代表取締役会長兼CEO）、稲垣博司（当時日本レコード協会副会長兼エイベックス・マーケティング代表取締役会長）、野崎俊夫（研音グループ代表）が弔辞を読んだ。そして、参列した各アーティストが敬さんへの想いをコメントに残した。

TUBE前田亘輝

「ソニーレコードに'85年同期入社で、それ以来仕事を一緒に頑張ってきました。ブラジルでリオのカーニバルを楽しく体験し、アラスカでオーロラを見ながら夢を語りました。こんなにも早く逝ってしまうなんて、また一緒に仕事をしたかったのに残念でなりません」

平井堅

「なかなか良い状況が作れなかったデビューからの5年間、僕の前ではいつもニコニコして他愛のない話ばかりをしていたけれど、その陰で「平井を絶対売る」と言って試行錯誤していたこと、「楽園」と言う楽曲で一筋の光が見えたとき、「河豚おごってやる」と言って笑った無邪気な顔、レーベルが変わっても、たまにひょっこり楽屋に顔を出しては冗談ばかり言ってたこと、全てかけがえのない思い出です。ご冥福をお祈りします。」

コブクロ

「「桜」「ここにしか咲かない花」、「蕾」ｅｔｃ…そして、「流星」。数々の楽曲には、吉田社長とやりとりした沢山の思い出が詰まっています。僕らに全力を注いでくださったことへの感謝の想いは、これからの音楽活動でゆっくりとお返ししていきたいと思います。どうか天国から、ご家族のみなさんの心を支えてあげてください」

絢香

「吉田社長のアーティストへの愛情と、音楽に対するピュアな気持ちと姿勢。その真っ直ぐさが、私は大好きでした。もし吉田社長に出会っていなければ、今の私はいない、と思っています。この感謝の気持ちは、言葉では表現しきれません。本当に、ありがとうございました。心より、ご冥福をお祈りしています」

お別れ会の模様は、翌日のスポーツ紙とワイドショーに取り上げられた。絢香がマスコミの前に姿を現すのは、相当なトピックだったので、他の参列者と時間を分け、本人には会の始まる前の会場に来てもらい、その写真と映像は〝オフィシャル対応〟とした。ワーナーミュージックのテレビ班は敬さんから教えられ、僕らが伝えた、〝いつもの方法〟で取材を受け、素材をデリバリーした。

それから、13年後

赤坂見附の「すし処魚しん」に20人弱の元デフスターのメンバーが集まった。この場所では、ソニーミュージックに残ったメンバーもワーナーミュージックに移ったメンバーも一堂に会して、定期的に敬さんを偲ぶ会が開催されている。そういえば、楽しい時も辛い時も、この〝魚しん〟だった。敬さんからワーナーミュージックに移ることをデフスターのメンバーにあらためて宣言したのも、この〝魚しん〟だったような気がする。ほどなくして、あの時の空気が少しずつ甦っていく。

デフスターというレーベルがなくなった今でも、それぞれが、それぞれの場所での闘いを引き続き繰り広げていることがよくわかる。そんな高揚感みたいなものがその場に充満しているように感じた。役員として経営の立場から会社を支えている者もいれば、レーベルヘッドやA&Rマンとして、引き続きヒットを出すための奮闘をしている者もいる。

みんな第一線で活躍しているのだ。その中に、当時、新入社員として配属された川中康年もいた。ギリシャ彫刻のような美少年とも言われた川中も40を過ぎ、〝イケオジ〟の領域に差し掛かっている。彼は、先日行われたソニーミュージックグループの全社集会でヒットに貢献するプロジェクトに与えられる、大賀賞（ＣＢＳ・ソニーの創業者、大賀典雄の名を冠した賞）を受賞した。

プロジェクトメンバーとしてマイクを握った川中は何を思ったのか、堂々と〝敬さんとの思い出〟をスピーチしたという。

その様子を他のメンバーからいじられていた。苦笑する川中の横顔を見ながら、僕らの中に息づいている〝タカシイズム〟はどんな環境でも、変わらずに存在し続けていくのだと思った。かくいう僕も、いまだに敬さんの差配で人生が動いているような気がする。

〝敬さんだったらどうするだろう？〟

〝ちゃんとざわざわしているだろうか？〟

そんなことをいつも思い描きながら、この後のエンタメ人生が続いていくのだ。

「桜」の追憶　伝説のA&R 吉田敬・伝

著者：黒岩利之

2024年2月2日 初版第一刷発行

表紙イラスト：MIDORI
デザイン：古田雅美(opportune design Inc.)
編集：久蔵千恵、一柳明宏(株式会社blueprint)
写真：朝日新聞フォトアーカイブ
DTP：水谷美佐緒(プラスアルファ)

発行者：神谷弘一
発行・発売：株式会社blueprint
〒150-0043 東京都渋谷区道玄坂1-22-7-5/6F
[編集] TEL 03-6452-5160 FAX 03-6452-5162

印刷・製本：株式会社シナノパブリッシングプレス

本書は総合カルチャーサイト『Real Sound』での連載「評伝：伝説のA&Rマン 吉田敬」を加筆修正し再構成したものです。

ISBN978-4-909852-48-9 C0073